Welcher Wohntyp sind Sie?

SVEN ROHDE

Welcher Wohntyp sind Sie?

✓ WOHNBEDÜRFNISSE ERKENNEN

✓ RÄUME GESTALTEN

✓ MIT UMFANGREICHEM TEST

Deutsche Verlags-Anstalt

1 Wohnbedürfnisse

2 Projekt Traumhaus

Inhalt

Intimität
Ich brauche Platz für mich!

Komfort
Ich möchte, dass es mir gut geht!

Repräsentation
Seht her, das bin ich!

Anhang

Von der Lust am Spazierengehen

Vorwort und Dank

Spazierengehen ist etwas Wunderbares. Durch Straßen streifen, Zäune, Gärten, Fassaden anschauen, in Fenster und Wintergärten spähen (diskret, versteht sich) – das ist immer aufs Neue spannend und lehrreich. Als Journalist habe ich zudem die Gelegenheit zu tieferen Einblicken, kann Menschen besuchen und sie zu ihren Häusern und Wohnungen befragen, wie sie wohnen und warum. In den fast zwanzig Jahren, in denen mir das Bauen und das Wohnen zur Leidenschaft geworden sind, hat die Frage nach dem »Warum« die nach dem »Wie« immer mehr in den Hintergrund gedrängt. Warum verstecken sich manche hinter undurchdringlichen Hecken, während andere ihre Wohnung offenherzig dem Passanten darbieten? Was mag dahinterstecken, welche Ängste und Wünsche, welche Persönlichkeiten?

Schlüssige Antworten darauf gibt die Forschung kaum, die Psychologie des Wohnens ist, zumal in Deutschland, ein wenig behandeltes Thema. Wie schade! Umso mehr danke ich Nina Greve und Ingrid Lorbach, die meine Recherchen tatkräftig und mit gutem Gespür für den relevanten Inhalt und das schöne Zitat unterstützt, spannende Literatur, Experten und Beispiele aufgespürt haben. Ebenso danke ich Katharina Ricklefs, die mich bei der Sichtung der Fachliteratur unterstützt hat.

Noch wichtiger für das Entstehen dieses Buches waren freilich die ungezählten Gespräche mit meiner Frau Dorothea, nicht nur bei unseren gemeinsamen Streifzügen durch Wohnquartiere. Wie die Botschaften zu entschlüsseln seien, die jeder Raum, jedes Haus, jede Wohnung, auch jeder Garten aussenden: das haben wir gemeinsam erarbeitet. Ebenso die Fragen und Antworten, die einen wichtigen Teil dieses Buches ausmachen. Dorothea hat gemeinsam mit Daniela Stock die Fotos ausgesucht, hat die Texte mit liebevoller Akribie gelesen und wertvolle Hinweise zu ihrer Verbesserung gegeben. Ohne sie gäbe es dieses Buch nicht. Ihr ist es gewidmet.

Hamburg, im Januar 2011

Wo, bitte, geht's nach Hause?

Räume haben Macht über uns. Sie wirken auf unsere Seele und auf unseren Körper, sie entspannen uns oder regen uns auf, sie entlasten oder bedrängen uns. Aber wie funktioniert dieses komplexe Wechselspiel zwischen Raum und Persönlichkeit, wie entsteht der Dreiklang von Bauen, Wohnen und Wohlfühlen? Die Antwort auf diese Frage liegt im Unbewussten, sagt die Tiefenpsychologie. Eine Spurensuche.

Es ist wie eine Erleuchtung. Ein Energiefluss durchströmt den Körper, sammelt sich im Zentrum des Körpers und löst ein Glücksgefühl aus, das eine Botschaft in alle Zellen aussendet. »Entspannt euch«, lautet sie. »Alles ist gut. Wir sind endlich angekommen, zu Hause angekommen. Das Leben hat jetzt ein Zentrum. Und es ist nirgendwo anders als hier.« Das Puzzle aus Körper, Geist und Seele fügt sich auf einmal zu einem geschlossenen, harmonischen Ganzen. Ein magischer Moment.

Pathetisch? Aber ja! Wahres Glück ist immer voller Pathos. Und ist es nicht ein wahres Glück, an einem Ort anzukommen, der solche Gefühle auslöst? So formulierte es ein Fachmann für die menschliche Seele, James Yandell, ehemals Präsident des C.G.-Jung-Instituts in San Francisco: »Ein wahres Zuhause kann uns beschützen, heilen und wieder aufbauen, es kann ausdrücken, was wir heute sind, und uns helfen zu werden, wer wir bestimmt sind zu sein.« Die Berliner Gestalterin Barbara Mummenhoff sagt es schlichter: »Man kann einen Menschen mit seiner Wohnung heilen wie mit Medizin.«

Zu pathetisch? Dann andersherum: »Ohne ein Haus, einen Ort, an dem wir zu Hause sind, fühlen wir uns entwurzelt, vereinsamt, allein«, schreibt die Psychologin Yvonne Tempelmann. Und ihr Kollege Irwin Altman setzt noch eins drauf: »Die Fähigkeit, die Privatsphäre zu kontrollieren und zu gestalten, ist unverzichtbar für die Identität eines Menschen. Wenn du keine Grenzen ziehen kannst, keine Geheimnisse und keine Rückzugsräume hast, bist du buchstäblich nichts.«

Räume stiften Identität. Sie bieten Schutz, Geborgenheit und Komfort, schaffen Häuslichkeit und Intimität, sind eine Bühne der Selbstdarstellung. Aber die Verbindung zwischen Mensch und Raum reicht viel weiter.

Wenige Quadratmeter können reichen, aber die müssen die eigenen sein: Bereits in Kindheit und Jugend stiftet das eigene Zimmer Identität, bietet Rückzug und Raum, die eigene Persönlichkeit zu entwickeln.

Räume haben Macht über uns. Seit alters wissen Baumeister darum. Wenn sie es gut mit uns meinen, kommen Dichter ins Schwärmen: »Nie hat ein Bauwerk solche Empfindungen in mir ausgelöst«, meinte Stendhal angesichts des Mailänder Doms, dessen Architektur gleiche den »tollen Illusionen der Liebe«. Wollen Machthaber uns dagegen unter die Knute zwingen, ist Architektur ebenfalls ein probates Mittel. Denn niemand kann sich der Architektur und ihrer Wirkung auf den Menschen entziehen. Sie wirkt auf unser Verhalten, unsere Wahrnehmungen und unsere Gefühle.

1955 veranstalteten die amerikanischen Umweltpsychologen Norbett Mintz und Abraham Maslow an der Brandeis-Universität in Waltham, Massachusetts, ein aufschlussreiches Experiment. Dafür richteten sie Arbeitsräume ihrer Fakultät her: einen, der von einer Testgruppe als schön und behaglich bezeichnet wurde, einen eigenschaftslosen sowie einen schäbig-dreckigen. In der ersten Stufe des Experiments wurden den Probanden Porträtfotos vorgelegt. Sie sollten einschätzen, wie gut oder schlecht gelaunt, wie erholt oder abgespannt die Menschen auf den Fotos waren. Eindeutiges Ergebnis: Je schöner der Raum, umso erholter und besser gelaunt empfanden die Testpersonen die Fotografierten.

In der zweiten Stufe ließen Mintz und Maslow je eine Gruppe von Studenten drei Wochen lang in je einem der drei Räume arbeiten. Auch hier war das Ergebnis klar: Je schöner der Raum, umso besser die Stimmung der Testpersonen. Diejenigen, die in dem behaglichen Raum gearbeitet hatten, fühlten sich wohl, energiegeladen und den ihnen gestellten Aufgaben ohne Weiteres gewachsen. Diejenigen, die drei Wochen in dem schäbigen Raum hatten zubringen müssen, klagten dagegen über Kopfschmerzen, Müdigkeit und schlechte Laune. Zudem lag die

Vom Wohntyp hängt es ab, ob intensive Muster, laute Farben und starke Kontraste als anregend oder nervig empfunden werden. Diese Kombination ist eine Bühne für den expressiven Charakter.

Qualität ihrer Arbeit deutlich unter jener der anderen. Als die beiden Psychologen sie aber nach der Ursache ihrer Stimmungslage befragten, wussten die meisten keine Antwort. Nur wenige vermuteten einen Zusammenhang zwischen der Gestaltung des Raums, ihrer Verfassung und ihrer Arbeitsleistung. Dass die Einrichtung sie so stark beeinflussen könnte, schien den meisten Probanden vollkommen ausgeschlossen.

Räume beherrschen uns über unseren Willen hinweg.

Wir neigen dazu, die Wirkungen von Räumen auf uns gering zu schätzen. Das hat sich in den mehr als fünfzig Jahren seit diesem Experiment kaum geändert. Wenn man ein Buch schreibt, redet man ja auch mit Freunden, erzählt ihnen davon. Wohnpsychologie? Räume, die Macht über uns haben? Allseits Verblüffung, Skepsis, sogar Abwehr. Gut, in manchen Wohnungen fühlten wir uns wohler als in anderen, aber das sei doch einfach Geschmackssache, oder? Dass uns die Umgebung über unseren Willen hinweg beherrschen kann, wollen die meisten nicht wahrhaben. Diese Erkenntnis beschädigt unser Selbstbild vom souveränen Individuum, das aus sich selbst heraus über seine Leistungsfähigkeit und Stimmungen befindet. Zwar hat sich die chinesische Feng-Shui-Lehre, die von einer unmittelbaren Wechselwirkung von Mensch und Umgebung ausgeht, in den vergangenen Jahren auch hierzulande etabliert. Aber bei den allermeisten Menschen ist die Skepsis groß, ob die Einrichtung wirklich eine nicht zu steuernde Wirkung auf Körper und Seele haben könne.

Dabei ist der Nachweis einfach und jederzeit zu führen. Unser Körper reagiert unmittelbar auf jeden Raum, den wir betreten. In Sekundenbruchteilen registriert er, was ihm unsere Sinne als Wahrnehmung übermitteln, und der Blutdruck, der Puls, der Hautwiderstand, die Gehirnströme, die Atemfrequenz

ändern sich. Selbst wenn uns zu dem Ort, den wir betreten haben, noch keine Meinung bewusst ist – unser Körper kennt sie bereits. Wir können einen Raum nur mögen, wenn sich unser Körper darin wohlfühlt. Die Reaktion ist messbar. Und sie ist von uns nicht zu steuern. Was Studien ebenfalls belegen: Bei Krankenhauspatienten führte der Blick auf eine parkähnliche Landschaft zu einer schnelleren Gesundung als der Blick auf die Mauer eines gegenüberliegenden Hauses. Sie erholten sich schneller von Operationen, brauchten weniger Schmerzmitte und präsentierten sich dem Pflegepersonal umgänglicher und freundlicher. Gesunde Umwelt heilt.

Wie intensiv Farben auf uns wirken, beweist eine Untersuchung der schwedischen Universität Lund. Der Umweltpsychologe Rikard Küller setzte seine Versuchspersonen jeweils drei Stunden lang in zwei Räume, der eine ganz in Grau gestaltet, der andere sehr bunt. Verblüffend: Die Probanden fühlten sich von der bunten Einrichtung nicht etwa angeregt, sondern bedrängt. Und das war nicht nur das Gefühl, das sie beschrieben, der Effekt zeigte sich auch bei den Messungen von Puls und Gehirnströmen. So produzierte ihr Gehirn im bunten Raum deutlich weniger Alpha-Wellen, Zeichen von Entspannung, als im grau gestalteten. Auch war der Herzschlag in dem bunten Raum langsamer als im grauen; intensive Aufmerksamkeit kann von einer Verlangsamung der Herzfunktion begleitet sein.

Was angesichts dieser Ergebnisse nicht verwundert: Nicht nur die Gefühle, auch das Verhalten wird von der Raumgestaltung beeinflusst. Das wiederum belegten Forscher der Universität von Nevada in Las Vegas. Sie beobachteten das Verhalten von sechsjährigen Schülern in einem hellblau gestrichenen Raum, der von tageslichtähnlichen, sogenannten Vollspektrum-Lampen beleuchtet wurde, und verglichen es mit dem Verhalten in einem normalen weiß gestrichenen, in dem Neonlampen brannten. Der Zusammenhang war eindeutig: Im hellblauen, angenehm beleuchteten Raum folgten die Kinder dem Unterricht signifikant besser als im weißen mit Neonlicht. Auch war ihr Blutdruck um durchschnittlich 9 Prozent niedriger. Besonders erstaunlich: Die beruhigende Wirkung von Licht und Farbe erleben auch Blinde.

Eine kleine Geschichte der Wohnbedürfnisse

Das Zusammenspiel von Architektur und Einrichtung, Farben, Materialien und Formen ist komplex. Und genauso komplex ist die Ausprägung der Bedürfnisse, die jeder Einzelne von uns für seine gestaltete Umwelt hat. Dabei prägen uns nicht nur die genetischen

Hier wird großer Wert auf Traditionen gelegt. Eine akkurat geschnittene Hecke, der Kiesweg, die Laterne und die Sprossenfenster sind Codes dafür, die jeder sofort versteht.

Anlagen, die aus der Frühzeit der Entwicklung des Menschen stammen, sondern auch kulturelle Errungenschaften der Neuzeit. Vor allem in den vergangenen fünfhundert Jahren hat sich das Wohnen grundlegend verändert, haben Häuser nach und nach zusätzliche Funktionen zugewiesen bekommen. Es sind in der Reihenfolge ihres ursprünglichen Auftretens:

Schutz Im Hinblick auf diese Funktion entspricht ein Haus jener Höhle, in der auch der Neandertaler Schutz gesucht hat. Wenn ein Feuer darin brennt: umso besser.

Kommunikation Wenn wir keine Einsiedler sind, wollen wir, zumindest zeitweise, miteinander sein, reden, lieben, uns unterstützen, streiten und dabei ungestört von Nachbarn oder Passanten sein.

Intimsphäre Jeder von uns braucht, siehe oben, einen Rückzugsraum, wie groß oder klein auch immer, ob im Keller, im Dachgeschoss oder im Garten.

Komfort Je nach Anspruch und Geldbeutel wollen wir es bequem haben: mit einem großen Tisch in der Küche, bequemen Sofas, begehbaren Schränken oder programmierbaren Herden und Jalousien, die von einem Sensor gesteuert in der Morgendämmerung selbsttätig hochfahren. Wie wär's mit einem Schwimmteich oder einem Gartentor, das sich per Fernbedienung öffnen lässt?

Selbstdarstellung Ob Holzhütte oder Glaspalast, Grasdach oder Stahl, Hollywoodschaukel oder Zen-Garten, Lammfell oder Beton, Raufaser oder Seidentapete, dekonstruktivistische Architektur, Lärchenholz-Fassade, Solarkollektoren, Billy-Regale – das Haus ist eines der wichtigsten Mittel zur Darstellung der Persönlichkeit und Repräsentation.

Häuser haben sich in den vergangenen Jahrhunderten grundlegend gewandelt. Was uns heute nicht mehr klar ist: Noch im Mittelalter war das Haus kein privater, sondern ein öffentlicher Ort. Behaglichkeit gab es kaum, und sie wurde, da man sie nicht kannte, auch nicht vermisst. »Stühle dienten im Mittelalter nicht der Bequemlichkeit«, berichtet der Architekt Witold Rybczynski in seiner spannenden Kulturgeschichte »Wohnen. Über den Verlust der Behaglichkeit«, »sie waren Symbol der Autorität. Niemand machte es sich auf einem Stuhl bequem.« Und ein Bett war nicht der private oder gar intime Ort, wie wir ihn heute sehen. Noch Frankreichs Sonnenkönig Louis XIV, geboren 1643, gestorben 1715, regierte auch von seinem Bett aus, und wer von seinen Söhnen oder Ministern ungefragt durch die Hintertür ins Schlafzimmer eintreten durfte, wusste sich im Zentrum der Macht.

Erst am Beginn des 18. Jahrhundert, erzählt Rybczynski, war das Haus »nicht mehr nur Unterkunft, die vor den Unbilden der Elemente, vor Feinden und fremden Eindringlingen schützte, sondern darüber hinaus der mehr oder weniger abgeschottete Lebensraum einer neuen, kompakten sozialen Einheit: der Familie«. Mehrere Entwicklungen liefen in diesen Jahrzehnten parallel: der Aufstieg des Bürgertums zur politischen Macht, die Trennung von Wohnstatt und Arbeitsplatz und die Wandlung der Wohnung zur Privatsphäre, die sich daraus ergab. Und erst auf der Basis dieser Privatsphäre waren die Voraussetzungen für die Errungenschaft geschaffen, die uns heute so wichtig ist: die Idee des Wohnkomforts.

In zwei Jahrhunderten, etwa bis zum Ende des Ersten Weltkriegs, der den Beginn der Moderne markiert, eroberte sich das private Haus Stück für Stück jenes Zusammenspiel der Funktionen, die für uns heute ein Zuhause ausmachen. Ein Haus, das uns schützt, umfängt, Raum schafft für Gespräche, fürs Alleinsein, in dem wir das tägliche Leben angenehm gestalten können. Und das zugleich eben Ausdruck unserer Persönlichkeit ist, Nachbarn, Freunden und Kollegen die Botschaft vermittelt: »Seht her, das ist mein Haus, das bin ich.«

Einer Puppenstube gleicht diese Küche. Ihre romantische Ausstrahlung ist zugleich eine Botschaft: »Hier ist noch alles wie früher, hier bleibt die Hektik des Alltags draußen.«

Gefühle sind der Schlüssel.

Die Beziehung, die so entstand, ist innig. Der Kunstpädagoge Gert Selle bescheinigt uns Menschen »ein ausgeprägtes Gefühl für verborgene Raumqualitäten. Wir wissen ziemlich rasch Bescheid: Hier kann ich bleiben, so ist es richtig, nur dieses muss ich ändern, jenes umstellen. Das beginnt mit dem Bezug des Hotelzimmers, geht weiter mit der Anmietung einer Wohnung und endet mit dem Erwerb eines Hauses. In der Regel kann der Eindruck eines guten Ortes so stark sein, dass wir über Mängel hinwegsehen, bleiben und uns ›einrichten‹ wollen … Wer etwas Verfallenes mühsam renoviert, wird von Fantasien getrieben, die stärker als

jede Realität sind … Während wir uns mit Taschenrechner und Zollstock als rationale Instanz gebärden, sind die Entscheidungen auf der Ebene der geheimen Vernunft des Erinnerns und Imaginierens längst gefallen.«

Eine schöne Vorstellung, allerdings auch eine romantische. Nur zu oft hält sie der Realität einer Wohnungssuche, der Suche nach einem Bauplatz, den Verhandlungen mit dem Bankberater über den Kreditrahmen nicht stand. Auch berücksichtigt sie nicht, dass der Plan eines Architekten, der ein Haus für uns bauen, eine Wohnung für uns umbauen soll, sich unserem Gefühl für verborgene Raumqualitäten entzieht, weil sich die Abstraktion von Plänen leider nicht in jedem Kopf zu einem dreidimensionalen Bild zusammenfügt.

Wir glauben trotzdem, wir müssten nur in ein Haus ziehen, das am besten uns selbst gehört, und das Gefühl des Zuhauseseins werde sich schon irgendwann einstellen. Und wir sind verblüfft, wenn dieses Gefühl ausbleibt. Wenn wir uns immer noch nach dem Haus sehnen, in dem wir aufwuchsen, oder der viel zu kleinen, eigentlich schäbigen Wohnung nachtrauern, aus der wir zugunsten des neuen Eigenheims auszogen. Was ist passiert? Was haben wir übersehen? Hätten wir doch nicht in den Vorort ziehen sollen? Wären es doch besser Backsteine für die Fassade gewesen? Oder eine offene Küche? Hätten wir nicht wirklich an ein Duschbad für die Kinder denken müssen? Und warum sitzt eigentlich nie jemand in diesem schönen, großen Wohnzimmer?

»Ein Haus aus dem Nichts zu bauen stürzt uns in eine elementare Identitätskrise.« So erklärt es die amerikanische Wohnjournalistin Joan Kron. »Vor allem Anwärter auf ein Traumhaus sind eine nervöse und gereizte Bande.« Die Ratlosigkeit, die uns heimsucht, wenn wir einen Platz zu unserem machen, vermittelt sie in einem Selbstgespräch: »Wenn ein Sofa nur ein Sofa ist, warum kann ich mich dann für keins entscheiden? All das sollte mir entsprechen, aber wer bin ich eigentlich? Und warum bin ich so beunruhigt?« Weil eine Diskrepanz zwischen Umgebung und Persönlichkeit spürbar ist. Wir empfinden, dass die Unsicherheit, die uns die Wahl des Sofas so schwer macht, viel tiefer geht, als der Anlass nahelegt. Den Grund nennt der Architekturpsychologe Riklef Rambow: »Der Zusammenhang zwischen dem Einrichten und dem Selbstbewusstsein ist ganz stark. Ähnlich wie mit der Kleidung. Der eigene Raum kann als Erweiterung der Identität betrachtet werden, als Spiegel des Selbst. Ich umgebe mich mit Dingen, die mit bestimmten Bedeutungen belegt sind. Je besser man sich kennt, umso sicherer nimmt man Dinge, die zu einem passen. Daraus ergibt sich dann auch folgende Interaktion: Das Accessoire, die Kleidung, die Einrichtung, wird Teil meiner Identität, ich fühle mich wohl darin, ich habe das Gefühl, darin und damit als vollständig wahrgenommen zu werden. Daraus resultiert ein größeres Selbstbewusstsein für weitere Entscheidungen.« Rambow warnt: »Wenn ich dagegen die äußere Hülle der Behausung einfach nur auffülle, kann es zur Diskrepanz kommen. Es ist nicht mehr das Eigene. Das macht sich beispielsweise daran bemerkbar, ob jemand anfängt die Wohnung umzuräumen, wenn Gäste kommen, oder ob jemand dazu steht, wie er wohnt.«

Wann ist eine Wohnung, wann ist ein Haus, wirklich eigen? Was ist meins? Und was nicht? Wann stehe ich dazu, wann räume ich um? Wann stützt mich meine Wohnumgebung, wann nicht – und brauche ich diese Unterstützung?

Wenn wir unsere Umgebung nicht kontrollieren, entspannen wir uns nicht.

»Bis du mir gewachsen?« Diese Frage stellt ein Raum jedem, der ihn zum ersten Mal betritt. Wenn wir uns in einem Raum wohlfühlen wollen, muss die Antwort »Ja« lauten. Wohlgefühl kann nicht entstehen, wenn ein Mensch sich unterlegen oder gar ausgeliefert fühlt. Nur wenn er eine Situation wirklich unter seiner Kontrolle empfindet, kann er sich häuslich einrichten. Das Gegensatzpaar Dominanz–Unterwerfung ist dabei eine der drei grundlegenden emotionalen Dimensionen, die der Umweltpsychologe Albert Mehrabian für die Beschreibung von Gefühlen herausgearbeitet hat; Lust–Unlust sowie Erregung–Nichterregung sind die anderen beiden. Diese drei Dimensionen sind seiner Erkenntnis nach die Zutaten, aus denen wir alle unsere Gefühle, ob Wut, Trauer, Langeweile oder tiefe Zufriedenheit, zusammenmischen. Die richtige Mischung entscheidet folglich auch darüber, ob wir ein Haus als unser Zuhause empfinden können.

Erste Voraussetzung: eine gewisse Dominanz, die wir empfinden. Sie ist Ausdruck eines sensiblen Gleichgewichts zwischen dem Haus und dem Selbstbewusstsein seiner Bewohner. Sie fehlt, wenn man sich in den eigenen vier Wänden verloren vorkommt, weil die Räume zu groß oder zu hoch wirken, wenn man abends in die Küche flüchtet, weil einen die großen Fenster des Wohnzimmers wie dunkle Augen anstarren (ein Effekt, dem zugezogene Gardinen nicht wirklich abhelfen). Dominanz darf aber auch nicht überschießen – wenn das Selbstbewusstsein die Mauern sprengt, wenn zu kleine oder niedrige Räume als bedrängend oder nicht angemessen empfunden werden, wenn Mauerdurchbrüche oder Anbauten jene Luft schaffen müssten, die zum Atmen nötig ist.

Zweite Voraussetzung: die Lust. Lustbetonte, harmonisch gestaltete Räume lassen uns schmunzeln, lächeln, lachen. Im Test von Mintz und Maslow war allein der behaglichwohnliche Arbeitsraum, in dem die Probanden sich wohlfühlten und gute Arbeitsergebnisse ablieferten, lustbetont, ihre Erkenntnisse belegen, wie wichtig diese Kategorie für unser Wohlbefinden ist.

Dritte Voraussetzung: wenig Erregung. So wird Entspannung möglich, das vegetative Nervensystem regiert und erzeugt einen langsamen Puls, langsame Atmung, Muskelerschlaffung, Erholung zu Hause. Erregt uns ein Haus (etwa mit hellem Licht, vielen verschiedenen Stoff- und Tapetenmustern und satten Rot- oder Orangetönen), werden wir aktiv, angeregt, aufgeregt, überdreht, zappelig oder hellwach. Dann weckt es die Instinkte des Jägers in uns, macht uns bereit zu Kampf oder Flucht. Aber das ist ja gerade nicht seine Funktion.

»Eine Umgebung, in der ein Mensch wenig Erregung, leise Lust und eine gewisse Dominanz verspürt«, fasst Albert Mehrabian zusammen, »wird stets als heimelig, gemütlich oder vergnüglich wahrgenommen, und der Mensch fühlt sich darin gut, entspannt oder zufrieden.« Das richtige Maß an Dominanz zu schaffen ist die eigentliche Aufgabe der Architektur. Eine lustvolle, wenig erregende Raumwirkung herzustellen ist die Aufgabe der Einrichtung.

Unpassende Räume schaden uns. Warum ändern wir sie dann nicht?

Es ist also völlig klar, dass behagliche, entspannende, umsorgende, stützende Räume uns guttun. Ja, Studien belegen, dass eine Steigerung der Wohnqualität Menschen psychisch gesunden lassen kann. Ungemütliche, chaotische, bedrängende, unpraktisch geschnittene, falsch eingerichtete Räume wirken sich dagegen negativ auf unsere Verfassung aus. Sie können sogar krank machen, weil sie uns unter Dauerstress setzen, mit all seinen unerfreulichen Nebenwirkungen. Aber warum ertragen wir dann so oft die falschen, anstatt alles zum Besten (ein) zu richten?

Der erste Grund: Weil wir die Wirkung, siehe oben, nicht erkennen oder nicht wahrhaben wollen. »Die Architektur irritiert auch deshalb, weil kein Verlass auf ihre Fähigkeit ist, jenes Glück heraufzubeschwören, mit dem sie ihren Anspruch auf unser Interesse rechtfertigt«, schreibt der Philosoph Alain de Botton in seinem wunderbaren Buch »Glück und Archi-

tektur«. »Auch die edelste Architektur vermag gelegentlich weniger für uns zu tun als eine Siesta oder ein Aspirin.«

Der zweite Grund: Weil wir es so gewohnt sind. Der amerikanische Architekt Lawrence Wheeler bringt es auf den Punkt: »Es gibt ganz offensichtlich gesunde und ungesunde Gebäude in medizinischer, psychologischer und soziologischer Hinsicht. Unsere Anpassungsfähigkeit ist wahrscheinlich der Grund für die Tatsache, dass schlechte Architektur in so großem Umfange toleriert wird. Dies heißt jedoch nicht, dass die Anpassung nicht auf Kosten der Menschen ginge. Unser Preis dafür, dass wir die negativen Aspekte ausblenden, besteht in einem größeren Aufwand an Energie oder in geringerer Effektivität bei Arbeit und Spiel.«

Der dritte Grund: Weil wir nicht wissen, wie. Der große Erfolg von Wohnzeitschriften und -büchern, die seit Jahrzehnten gewaltige Auflagen verzeichnen, rührt ja daher. Wir träumen uns in exquisit gestaltete Interieurs hinein, um sie wie eine teure Designerklamotte, die wir uns eh nicht leisten können, überzuprobieren; und dann lassen wir uns beibringen, wie man in einem verwinkelt geschnittenen Schlafzimmer möglichst viel Schrankraum unterkriegt. Wenn's schließlich ans Einrichten geht, fahren wir in ein Möbelhaus, das oft Ikea heißt, und laden den Kombi voll. Das Ergebnis: Glücksache. Die Leserbriefabteilungen der Wohnzeitschriften können ein Lied davon singen. Da klagen Leserinnen (die Leserschaft ist eher weiblich), dass sie alle möglichen Tipps des Magazins beherzigt hätten, das Wohnzimmer aber immer noch so seltsam ungemütlich wirke. Der Blick aufs mitgeschickte Foto bestätigt sie in aller Regel.

Die Erfolgsaussichten steigen mit dem verfügbaren Einkommen nicht unbedingt. Teuer ist beim Wohnen nicht gleichbedeutend mit gelungen. Selbst wenn Einrichtungsprofis Maß nehmen, Interieurs zeichnen, Materialproben zusammenstellen, Bestelllisten schreiben und schließlich gemeinsam mit Malern, Zimmerleuten und Möbelpackern ein edles Ambiente schaffen, dann ist nur eines sicher: Hier lässt sich vor Gästen renommieren. Das ist erstmal nichts Schlechtes. So wie wir in unseren Wohnungen Schutz und Geborgenheit suchen und einen Raum für Kommunikation, so sind sie, ähnlich wie Kleidung oder Auto, ein wichtiger Teil unserer Selbstdarstellung.

Wie schrieb der Psychologe und Glücksforscher Mihály Csíkszentmihályi, der die unbewussten Vorgänge schildert, die sich im Menschen beim Bau eines Hauses oder der Einrichtung seiner Wohnung vollziehen: »Wir gestalten Umgebungen als Ausdruck unserer Persönlichkeit. Sie sollen uns sagen, wer wir sind, und zugleich uns als Vorbild dienen für das, was wir sein könnten.« Auf die Einrichtung bezogen heißt das: Sie soll uns der Umgebung präsentieren, wer wir sind oder eben werden wollen – solide, verspielt, unscheinbar, zurückhaltend, kunstsinnig, reich, extravagant, naturverbunden, elitär oder traditionsbewusst. Was aber auf diese Weise nicht entsteht, ist ein

Kühl und streng, puristisch und leer: Diese Atmosphäre lässt viele frösteln, ja, der elitäre Anspruch der Bewohner, der sich hier ausdrückt, schüchtert manche Menschen sogar ein.

Raum, eine Wohnung, ein Haus, das uns beschützend umfängt wie eine dritte Haut.

Das Haus als Spiegel des Selbst

Wir müssen uns selbst auf die Suche machen, in einem gleichsam therapeutischen Prozess. Die amerikanische Architektin Clare Cooper Marcus liefert in ihrem Buch »House as a Mirror of Self« das Vorbild: 25 Jahre lang befragte sie Menschen über ihre Häuser und Wohnungen, vor allem über die Gefühle, die sie mit ihnen verbanden. Geschult an der Lehre von Carl Gustav Jung, einem der bedeutendsten Erforscher der menschlichen Seele, entwickelte sie eine Art therapeutisches Setting. Der spannendste Teil daran: Sie forderte ihre Interviewpartner auf, mit ihrem Haus, ihrer Wohnung ins Gespräch zu kommen, ihnen zu sagen, welche Gefühle sie verbinden, welche sie trennen; und dann in der Rolle von Haus oder Wohnung zu antworten. Faszinierende Psychogramme sind so entstanden. »Ich bin von dir genervt«, sagt etwa Jean zu ihrer Wohnung. »Ich bedaure dich. Du könntest sehr schön sein, wenn jemand sich die Mühe machte, dich herzurichten.« Und dann eine bemerkenswerte Erkenntnis, die sich in diesem Dialog auf einmal manifestiert: »In den vergangenen Jahren habe ich keine Wohnungen hergerichtet, weil ich nicht so sicher war, ob ich es verdiene, überhaupt irgendwo zu leben.« Sätze wie diese illustrieren, wie intensiv unser Verhältnis zur Wohnumgebung ist, wenn wir es uns nur eingestehen. Und wie viel die Auswahl von Farben, Materialien, Möbeln, Accessoires, Pflanzen über uns erzählt. »Das Haus ist tatsächlich ein Spiegel unseres Selbst«, fasst Clare Cooper Marcus zusammen, »wenn wir lernen zu interpretieren, was wir sehen, wenn wir erfassen, was es bedeutet, und wenn wir umsetzen, was es uns sagen will.«

Das müssen keine guten Nachrichten sein. Was? Dieses Chaos bin ich? Dieses gestaltlose Nebeneinander von Möbeln und Kram?

Eine von zwei Glühbirnen in der Flurlampe ist schon seit Monaten kaputt, die Yucca hat mehr trockene als grüne Blätter, in der Ecke stapeln sich alte Zeitungen. Wann war es hier zuletzt gemütlich – und was war da in meinem Leben anders als heute?

»Unsere psychische Entwicklung wird nicht alleine markiert von bedeutsamen emotionalen Beziehungen zu Menschen«, schreibt Marcus, »sondern auch von engen Bindungen zu bemerkenswerten Umgebungen, beginnend in der Kindheit.« Das Kinderzimmer, das Wohnzimmer der Eltern, die Küche der Großeltern, die Höhle im Garten, die erste eigene Wohnung: Sie alle hinterlassen Spuren in unserem Unbewussten und steuern unsere Wahrnehmung von Räumen und unseren Umgang damit. Die Bedrängnis, empfunden im Wohnzimmer bei der Standpauke zum missratenen Zeugnis, brennt sich ein mit allen Bestandteilen, dem Tapetenmuster, der Farbe der Polster, der Messing-Deko auf dem Regal. Sie wird auf immer damit verbunden sein und eine unerklärliche Abneigung gegen Messing begründen. Genauso bescheren rot-weiß karierte T-Shirts überraschende Momente des Glücks, wenn dieses Muster einst die Küchenvorhänge der Oma zierte, wo wir uns aufgehoben und umsorgt fühlten.

»Sehen Sie Ihre Wohnung wie einen Freund, der mit Ihnen redet«, rät Margrit Lipczinsky, eine Psychologin, an C.G. Jung ebenso wie an Feng-Shui geschult. »Nehmen Sie achtsam wahr, hören Sie zu. Wo steckt hier Ihre Kindheit? Woran erinnert Sie dieses Bild, dieses Kissen? Sind es traurige Erinnerungen? Warum können Sie trotzdem nicht davon lassen? Je mehr Antworten Sie Ihrem Unbewussten entlocken, wo all diese Informationen geborgen sind, umso mehr werden Sie, im Dialog mit Ihrer Wohnung, zu sich selbst kommen.« Und die Wohnung als Spiegel des Selbst wird sich verändern, vielleicht sogar als zu klein empfunden für ein gewachsenes Selbstbewusstsein und verlassen werden.

Man kann sich Hilfe holen. Die Berliner Gestalterin Barbara Mummenhoff beschreibt
ihre Arbeit so: »Ich kann das Potenzial, das
in einem Menschen steckt, sehen, und ich
entwickle dann Räume dafür. In diesen Räumen nehme ich oft eine größere Klarheit
und größeren Selbstrespekt, mehr Struktur und Ordnung vorweg, als im Leben des
Menschen zu der Zeit vorhanden ist. Damit

ebne ich den Weg zu ihrer Verwirklichung.«
Pathetisch? Ja, natürlich. Zu pathetisch?

Das Spiel des Wohnens

Ich lade Sie ein zu einem Spiel: Ich stelle
Fragen, und Sie wählen die für Sie richtige
Antwort. Es sind jeweils vier – das Prinzip hat
Günther Jauch erfolgreich etabliert, und es

Wenn die Wohnung
ein Spiegel des Selbst
ist, was spiegelt sich
hier? Die Sehnsucht
nach der Einheit von
Tradition und Moderne,
repräsentiert durch
Landhausmöbel und
Küchen-Hightech.

Die berühmte Bauhaus-Siedlung Törten in Dessau (oberes
Foto), einst vollkommen homogen, zeugt heute vom Drang
nach Individualisierung der Hausbesitzer. Mancher Entwurf
unserer Zeit erlaubt von vornherein mehr Freiheiten.

funktioniert auch hier. Hinter den Antworten stecken freilich keine Redakteure, die Sie virtuos in die Irre oder zur Million locken wollen, sondern Psychologen, Architekten und ein Autor, den eine Leidenschaft umtreibt: Wie sollte ein Haus, eine Wohnung gelegen, geschnitten und eingerichtet sein, damit der, der darin wohnt, glücklich dort leben kann? Und wovon hängt das ab? Es ist nämlich kein Zufall, dass einer kuschelige Räume unterm Dach bevorzugt, der andere Sichtbeton und eine Wohnhalle über zwei Geschosse. Wenn aber beide glücklich sind – was unterscheidet sie?

Es sind ganz unterschiedliche Prägungen und Bedürfnisse, die tief in der Persönlichkeit verankert liegen und die bestimmen, wie wir uns geben, wie wir kommunizieren, wie wir streiten, wie wir Ordnung halten, wie wir in die Zukunft schauen, welche Ängste uns peinigen, welche Hoffnungen uns antreiben. Das ist gleichsam der Fingerabdruck unserer Persönlichkeit. Und doch gibt es Gemeinsamkeiten. Sie verbinden uns mit anderen, die wir als Brüder oder Schwestern im Geiste erleben. Wir erkennen, dass wir ähnliche Wertvorstellungen haben, uns ähnlich kleiden, ähnlich diskutieren, ähnliche Urlaube verleben, ähnliche Berufe haben und, ja, ähnlich wohnen. Wer bei Spaziergängen oder Wanderungen aufmerksam die Häuser betrachtet (eine Leidenschaft von meiner Frau und mir), kann diese Verwandtschaft erkennen, die tiefere Botschaft lesen, die jede Fassade aussendet.

Faszinierend ist das besonders in Siedlungen, die einst ein Bauunternehmer uniform auf die Wiese gestellt hat, deren Einheiten sich ihre Bewohner nun aber in Jahrzehnten anverwandelt haben, »angeeignet«, wie Psychologen sagen. Wie unterschiedlich manch benachbarte Hausscheiben gestaltet wurden, und wie ähnlich sich andere sind! Weil es mal zwei unterschiedliche Wohntypen waren, die ihrem Haus das Gesicht gaben, und mal zwei gleiche. Es ist kein Zufall, wenn der eine Hausherr den Briefkasten in Form einer Edel-

stahlsäule an den Zaun stellt, der andere als gusseisernen englischen Postkasten. Und die, welche den englischen Postkasten schätzen, verbindet mehr als nur diese Vorliebe. Wie wir erkennen, wenn sie uns zum Kaffee einladen.

So vielfältig unsere gestaltete Umwelt ist, so viele Übereinstimmungen prägen sie dennoch. Die Struktur, die dahintersteckt, ist das Grundgerüst dieses Buches. In den vielen Jahren, die mich die Wohnpsychologie fasziniert, war ich stets auf der Suche nach einem Modell, einer Struktur, die eine Verbindung schafft zwischen der Art, wie wir Umwelt gestalten, und der Persönlichkeit, die sich diesen Ausdruck sucht. Bei einem Klassiker der populären Psychologie, Fritz Riemanns »Grundformen der Angst«, wurde ich schließlich fündig (und verdanke diesen Hinweis Uwe Linke und seinem Buch »Die Psychologie des Wohnens«).

Der Zusammenhang zwischen Ängsten und Wohnen ist erklärungsbedürftig. Riemann sieht vier Ängste als grundlegend für die unterschiedlichen Ausprägungen unserer Persönlichkeit an:
▶ die Angst, sich in der Masse zu verlieren;
▶ die Angst, durch Eigenständigkeit zu vereinsamen;
▶ die Angst vor der Veränderung;
▶ die Angst vor der Erstarrung.

Wie diese Ängste die Persönlichkeit prägen, hat Riemann außerordentlich faszinierend entwickelt. Wichtig in unserem Zusammenhang ist das Ergebnis: eine Typologie des menschlichen Verhaltens, die auf verblüffend einleuchtende Weise erklärt, warum der eine in schroffer Geste eine geschlossene Sichtbetonfassade zum Gehsteig aufrichten lässt, während ein anderer mit Holzfassade, bunt bepflanzten Blumenkübeln und einem Kranz an der Tür den Passanten gleichsam willkommen heißt. Und vor allem: wie diese Vorliebe für eine bestimmte Fassade mit anderen Wohnbedürfnissen korrespondiert! Das Haus als Spiegel unseres Selbst.

Vier Wohntypen sind es, die Sie in diesem Buch sehr gut kennenlernen werden:

- ► der rationale Typ,
- ► der natürliche Typ,
- ► der traditionelle Typ,
- ► der ungebundene Typ.

Jeder Typ hat seine ganz eigenen Vorlieben und Antipathien. Bei jedem prägt sich die Art, wie er seine Bedürfnisse nach Schutz, Kommunikation, Intimität, Komfort und Repräsentation befriedigt sehen sollte, anders aus. In der wunderbaren, aber auch verstörenden Vielfalt der Architektur und Innenarchitektur sind es jeweils andere Grundrisse, Raumgrößen, Farben, Formen und Materialien, die den Typen entsprechen. Hierin liegt eine große Chance: Ich kann, wenn ich mich als einen der vier Typen erkannt habe, genau die Variante wählen, die mir guttut. Wenn ich etwa der natürliche Typ bin, werde ich mir keine offene Küche aufschwatzen lassen – sie passt zum ungebundenen Typ –, sondern eine große Wohnküche wählen. Für den traditionellen Typ ist beides nicht das Richtige, ihm wird es mit Arbeitsküche und separatem Esszimmer viel besser gehen.

Der Weg vom Wunsch zur Wirklichkeit kann mühsam sein.

Wohnpsychologie ist keine exakte Wissenschaft, und dieses Modell ist nicht in randomisierten, kontrollierten Erhebungen belegt, wie sie bei medizinischen Studien üblich sind (auch wenn eine Wohnung durchaus, siehe oben, einen Menschen heilen kann). Es wird sicher niemand alle Fragen so beantworten, dass er hundertprozentig einem Typ zuzurechnen ist. Es kann auch durchaus sein, dass Sie sich in verschiedenen Kapiteln bei unterschiedlichen Typen wiederfinden, weil sich die unterschiedlichen Anteile der Persönlichkeit einen jeweils anderen Ausdruck suchen. Aber das ist ja das Großartige an der Architektur: dass sie mir aus den vielen Fragen, die ich habe, und den vielen Ange-

boten, die es gibt, jene Antwort bereit halten könnte, die mich wirklich glücklich macht.

Könnte? Ja, könnte. Die Villa mit Seegrundstück mitten in der Großstadt ist sehr selten (und noch seltener erschwinglich). Zudem ist nicht wahrscheinlich, dass Ihr Partner, Ihre Partnerin exakt dieselben Bedürfnisse hat wie Sie (seien wir ehrlich: meistens ist es nicht so). Und wenn Sie sich schließlich geeinigt haben, müssen Sie auch noch Architekten, Innenarchitekten und Handwerker finden, die diese Ihre gemeinsamen Vorstellungen

Das eigenwillig, aber stilsicher zusammengestellte Miteinander von Möbeln und Gestaltungselementen verschiedenster Epochen verrät den ungebundenen Wohntyp mit seinem Hang zu Exzentrik.

und Wünsche getreulich in die Wirklichkeit umsetzen. Woran das scheitern, wie es gelingen kann: Auch darum geht in diesem Buch.

Das Ergebnis all der Bemühungen – es ist jede Anstrengung wert. David, von Clare Cooper Marcus interviewt, hat den Weg nach Hause gefunden. »Als ich einzog«, erzählt er, »hatte ich das starke Gefühl, dass ich den Raum um mich gestalte, ihn Teil von mir werden lasse. All die kleinen Dinge, die erledigt werden mussten – Glühlampen austauschen, saubermachen, reparieren, umbauen –, all das war wie Energie, die ich in das Haus hineinsteckte und zurückbekam. Und es war so eigenartig: Als ich einzog, hatte ich das Gefühl, ich bin endlich angekommen, ich muss nie mehr weglaufen und nie mehr umziehen. Wenn ich hierher zurückkehre«, sagt David zu seinem Haus, »empfinde ich eine Wärme in meiner Brust.« Und das Haus sagt: »Ich bin Davids Haus. Ich bin groß. Ich wachse. Ich bin sicher. Ich bin ein friedliches und ruhiges Zentrum. Ich bin das Zentrum des Universums.«

Wollen wir sagen: ein Zuhause?

Wohnbedürfnisse

Schutz & Geborgenheit

Ich will mich sicher fühlen!

In Höhlen begann die Entwicklungsgeschichte des Wohnens, ein offenes Feuer im Kamin gilt uns heute noch als Inbegriff der Behaglichkeit. Die moderne Architektur aber setzt auf große Glasflächen und offene Grundrisse. Bauen wir Häuser gegen unsere Natur?

Machen Sie einen Test. Gehen Sie in ein leeres Restaurant, das nicht Ihr Stammlokal ist, und beobachten Sie, an welchen Platz Sie sich setzen. Sie wählen einen mit der Wand im Rücken, der Ihnen möglichst freie Sicht über den Raum und auf den Eingang gewährt? Die meisten Menschen tun das. Und die nächsten Gäste? Sie suchen sich ähnliche Plätze. Erst wenn das Lokal sich füllt, finden sich Gäste für die Tische in der Mitte. Sind es Paare, und der Mann lässt, ganz Gentleman, der Frau die Wahl, findet er sich in der Regel mit dem Rücken zur Tür wieder.

Wir Menschen mögen uns für die Krone der Schöpfung halten und äußerst trickreich in der Vernichtung unserer Feinde sein – wenn es um die Wahl des richtigen Platzes geht, verhalten wir uns nicht anders als die meisten Tiere: Wir suchen Schutz und Überblick. Jahrmillionen der Entwicklung haben uns dieses Muster tief eingeprägt. Kein Wunder, dass Kinder, ihren Instinkten meist viel näher als Erwachsene, Hochbetten und Baumhäuser so lieben. Sie können sich darin geborgen fühlen und haben trotzdem alles im Blick.

Sicherheit ist das wichtigste aller Bedürfnisse, das jeder Mensch in seiner Wohnung, in seinem Haus erfüllt haben muss. Es stammt aus den Anfängen unseres Seins. »Man muss sich vor Augen halten, dass die Höhlenzeit mehr als eine halbe Million Jahre dauerte und sich dem Menschen in einer vieltausendfachen Geschlechterfolge tief einprägte und ihn formte«, schreibt der Architekt und Kulturkritiker E. W. Heine, »das Haus (ist) Teil unseres innersten Wesens, unser Ursprung und unser Schicksal. Haus und Menschsein sind eine untrennbare

Streng symmetrisch, sehr repräsentativ und doch ein geschützter Ort des Rückzugs: Diese Dachterrasse ist das perfekte Refugium für den aufgeklärten Traditionalisten.

Einheit. Durch die Behausung wurden wir zu Menschen.« Bei der Kommunikationswissenschaftlerin Friederun Pleterski klingt das nüchterner: »Wohnen bedeutet Sicherheit und Entspannung finden, nicht ständig auf der Hut sein, sich gehenlassen können. Wo eine Wohnung diese Ansprüche nicht erfüllt, ist das Warn- und Alarmsystem des Körpers ständig in Bereitschaft, also angespannt, und das Wohnen verfehlt seinen eigentlichen Zweck.«

Versetzen wir uns zurück in das Restaurant. Können wir uns hier gehenlassen? Natürlich nicht. Aber es gibt Abstufungen. In einem Lokal, wo die Tische in abgeteilten Nischen stehen, wo die Decken niedrig sind, wird die Atmosphäre gelöster sein als in einem, wo jeder jeden sehen kann, oder wo bodentiefe Fenster zur Straße hin jederzeit den Einblick von Passanten ermöglichen. Nicht verwunderlich, dass die Stimmung in höhlenartigen Kneipen schneller steigt als in einem hell erleuchteten Loft mit hohen Decken. Da müssen dann Wein und Bier für lockere Geselligkeit sorgen. Aber wir erleben auch immer wieder, wie manche Menschen geradezu in die Mitte des Restaurants streben, sich offenkundig entspannt, selbstsicher und gut gelaunt inmitten der anderen Gäste amüsieren. Nüchtern, wohlgemerkt. Sie fliehen geradezu die Nische, die ihnen die Luft zum Atmen nimmt. Aber wie soll es auch anders sein? Die Bewohner von transparenten Glaspalästen, die ihr Innerstes preisgeben, und von Friesenkaten, deren Fensterchen zum Teil noch vom Dachüberstand verdeckt werden, unterscheiden sich sicher nicht nur durch die Adresse. Das Haus als Spiegel des Selbst.

Wirkungsvoller Schutz vor kriminellen Zeitgenossen

Kommen wir noch einmal zu unserem kleinen Experiment zurück, bevor der selbstbewusste Gast – war er von Beruf Schauspieler? – den Raum betrat. Die Situation, in der wir uns eingerichtet hatten: ein behaglicher Platz, der Sicherheit und Überblick gewährt und dabei entspannte Kommunikation ermöglicht. Übertragen wir ihn auf unser Zuhause. Ideal wäre zum Beispiel die Dachwohnung mit großen Fenstern ohne Gegenüber. Der Ausblick aus sicherer Distanz, die Dachschrägen, die Behaglichkeit vermitteln, die Sicherheit, dass Einbrecher nur durch die Eingangstür kommen können (und die lässt sich ja mit entsprechender Technik ausstatten). Aber wie steht's mit dem freistehenden Einfamilienhaus, dem Lieblingswohnsitz der Deutschen? Müsste man es nicht mit hohen Mauern oder Zäunen umgeben, damit es ähnliche Sicherheit ausstrahlt wie die Wohnung unterm Dach?

Die wenigsten Menschen hierzulande tun das. Das ist zum einen den Bauordnungen und Bebauungsplänen zu danken, die solche rigiden Sicherheitsmaßnahmen in aller Regel zugunsten eines offenen, freundlichen Straßenbildes verbieten. Es ist unter objektiven kriminalistischen Gesichtspunkten auch gar nicht nötig, denn die Bedrohung der Deutschen in ihren eigenen vier Wänden ist erfreulich gering. Außerdem lassen sich die allermeisten Einbrüche mithilfe einfacher mechanischer Sicherungen verhindern: mit Riegeln, Zusatzschlössern, Profilen, Gittern. Auch Alarmanlagen sind natürlich eine wirkungsvolle Prävention. In jeder Stadt gibt es kriminalpolizeiliche Beratungsstellen, die hierüber aufklären, und die Beamten kommen auf Wunsch ins Haus, um die Schwachstellen aufzuspüren und geeignete Abhilfe vorzuschlagen.

Sinnvoll ist es, die Fachleute vor dem Bau eines neuen oder der grundlegenden Sanierung eines alten Hauses hinzuzuziehen, weil sich auf diese Weise Sicherheitstechnik integrieren lässt, die gar nicht weiter auffällt (im Unterschied zu den wuchtigen Sicherheitsriegeln, mit denen viele Altbautüren nachgerüstet werden). So kann man mit vergleichsweise wenig Aufwand und Kosten einen guten Sicherheitsstandard erreichen, der wirkungsvoll vor kriminellen Zeitgenossen schützt.

Was für ein Auftritt! Die großzügig verglaste Dachwohnung ist das moderne Pendant zu Nest, Baumhaus oder Felsenhorst. Sie erlaubt kaum Einblicke, dafür umso mehr Ausblicke.

Aber reicht das, damit wir uns zu Hause wirklich sicher und geborgen fühlen? Es gibt ja das interessante Phänomen, dass sich deutlich mehr Menschen vor Einbruch oder Überfall in den eigenen vier Wänden fürchten, als davon tatsächlich betroffen sind. Schauen die Leute zu viel »Tatort« oder »Aktenzeichen XY«? Oder strahlt ihre Wohnung, ihr Haus nicht jene Sicherheit und Geborgenheit aus, die ihnen die Angst nähme?

Friederun Pleterski rät Klienten zu einem Test. Als Anhaltspunkte dienen ihr Fragen wie:
- ▶ Fühlen Sie sich sicher vor Einbrechern?
- ▶ Kann es Ihnen egal sein, was nachts vor Ihren Fenstern passiert, oder fühlen Sie sich durch zu große Fenster beobachtet?
- ▶ Haben die Sitzplätze genügend Rückendeckung?
- ▶ Stimmt die Statik?
- ▶ Entsprechen die Raumproportionen dem menschlichen Maß?
- ▶ Möchten Sie in Ihrer Wohnung alt werden?

Bei den Antworten vertraut sie auf etwas, was sich der Forschung weitgehend entzieht: den sechsten Sinn. »Er registriert die Gefahr, aber auch die Täuschung.« Die Fragen (und viele weitere, die ich Ihnen im zweiten Teil dieses Kapitels stellen werde) lenken den Blick darauf, dass eben längst nicht nur Sicherheitsschloss, Panzerriegel oder Scherengitter uns erleichtert und zufrieden uns entspannen lassen. Eine besondere Rolle für unser Sicherheitsbedürfnis spielt vielmehr ein Baustoff, der in den vergangenen Jahrzehnten dank des rasanten technischen Fortschritts eine steile Karriere hingelegt hat: Glas.

Die moderne Architektur setzt auf Offenheit, nicht auf Geborgenheit.

Noch vor fünfzig Jahren bestanden Fenster aus einfachen, relativ kleinen Scheiben, weil große Formate zu teuer und zerbrechlich waren und überdies zu viel Wärme entweichen ließen. Das Glashaus von Philip Johnson, 1949 gebaut, und das Farnsworth-Haus von Ludwig Mies van der Rohe aus dem Jahr 1951, beide komplett verglast, waren eine Sensation. Sie gelten als Meilensteine der Architekturgeschichte. Heute ist, zahlreiche Bauten belegen es, das durchsichtige Haus, eine Art Diamant zum Wohnen, technisch und finanziell kein Problem mehr. Und Glas ist der Baustoff der Moderne. Er ist Sinnbild für Demokratie und Modernität, vermittelt Transparenz und Leichtigkeit, lässt Innen und Außen ineinanderfließen und scheint die Bauwerke auf ihren ursprünglichen Zweck zu reduzieren – den Schutz des Menschen vor den Naturgewalten. Die Produktvorteile sind evident. Glas ist extrem witterungsbeständig, formstabil und dank zahlreicher Innovationen von geringer Wärmedurchlässigkeit. Manch modernes Glas dämmt besser als manch alte Hauswand. Spektakuläre Entwürfe, echte Prestigeobjekte in der Referenzliste jedes Architekten, sind möglich.

Ein Meilenstein der Architekturgeschichte: das Farnsworth-House von Ludwig Mies van der Rohe. Hier begann der Siegeszug des Baustoffs Glas in der Gestaltung von Privathäusern.

Und die Psyche? »Es gibt in der Architektur die Tendenz, das Schutzbedürfnis der Menschen geringer zu werten«, hat Riklef Rambow beobachtet. »Wichtiger sind Kommunikation und Offenheit.« Große Fensterfronten, ja vollkommen verglaste Giebelwände sind ihr Symbol. Mit dem Ergebnis, dass die Bewohner ihre Abende lieber in der Küche verbringen? Es ist gewiss kein Zufall, wenn immer mehr Gärten aufwendig beleuchtet werden. Dann rückt einem die Dunkelheit durch immer größere Fenster nicht so auf die Pelle.

Damit wir uns zu Hause sicher und geborgen fühlen können, müssen wir eine Balance finden zwischen unserem Wunsch nach Ausblick auf Stadt oder Land und der Möglichkeit für andere, Einblick zu gewinnen in Haus oder Wohnung. Beides hängt voneinander ab. Wie, das hat der englische Psychologe Adrian Hill in einem Experiment untersucht. Er setzte seine Probanden in einen Raum mit zwei Fenstern. In dem einen sahen sie den Ausblick aus ihrem Haus, im anderen konnten sie sich dank eines Spiegels im Haus sitzend von außen beobachten. Zwei Ausblicke wurden ihnen per Projektor gezeigt – ein naher Fußweg und ein Ausblick ins Grüne. In zwei Räumen, Wohnküche und Schlafzimmer, sollten sie mithilfe von Tüllgardinen unterschiedlicher Dichte eine Situation schaffen,

die ihnen behaglich war. Eines der Ergebnisse war zu erwarten: Das Bedürfnis nach einem dichteren Stoff war im Schlafzimmer größer als in der Küche, beim Blick auf den Fußweg größer als bei dem ins Grüne. Das Bedürfnis verstärkte sich, je dunkler es draußen wurde, je stärker also das Licht drinnen die Bewohner zur Schau stellte. Verblüffend aber war eine andere Erkenntnis. Eher extrovertiert veranlagte Versuchspersonen wählten durchweg dichtere Tüllgewebe als introvertiert veranlagte. Die Schlussfolgerung des Psychologen: Extrovertierte Menschen setzen sich offenbar stärker in Beziehung zu anderen, auch denen vor dem Fenster, und haben

daher ein stärker ausgeprägtes Bedürfnis nach visueller Privatheit. Aber sind sie es nicht auch, die mithilfe großer Fensterfronten ihre Offenheit dokumentieren wollen?

Kühle Farben schaffen Distanz und Weite.

Die Art, wie Menschen Einblicke durch ihre Fenster zu verhindern suchen, zeugt von der Ahnungslosigkeit der Architekten oder Bauherren, die diese Fenster zu verantworten haben. Oder von ihrer Ignoranz? In der Straße, in der wir wohnen, steht ein Mehrfamilienhaus aus der Zeit der Wende vom 19. zum 20. Jahrhundert, das der wohlmeinen-

Kinder lieben das Kleinteilige, Kuschelige, Weiche.
Manch kleine Prinzessin verlässt dieses tiefe Bedürfnis
nach Geborgenheit auch später nicht. Es verrät sie
als den natürlichen Wohntyp.

de Eigentümer im Zuge der Modernisierung mit bodentiefen Fenstern ausstatten ließ. Er hatte wohl den Verheißungen der Wohnpresse und Verkaufsbroschüren geglaubt, das schaffe ein großzügiges Wohngefühl. Sicher hatte er aber nicht damit gerechnet, dass im Hochparterre Mieter einziehen würden, die halbhohe Paravents mit bunt bedruckten Tüchern vor die Fenster stellten, um sich weniger beobachtet zu fühlen. Der Anblick: grotesk. Aber wenn es nun mal dem Sicherheitsbedürfnis dient?

Der Zusammenhang von Raum und Geborgenheit ist vielgestaltig. Es ist nicht nur die Größe der Fenster, die das sichere Gefühl stützt, auch Größe und Höhe des Raums sind entscheidend – je größer, höher und freier er ist, umso kühler wirkt er; je kleiner und enger er ist, umso mehr Geborgenheit kann er vermitteln. Wer also eine kühle Wohnatmosphäre bevorzugt, fühlt sich in großen Räumen wohler, wer sich zu Hause gerne einkuschelt, braucht dazu kleine; was den einen aufatmen lässt, lässt den anderen frösteln. Mit Tapeten, Einrichtung und Dekoration kann man einen großen Raum kleiner und einen kleinen Raum größer wirken lassen. Muster und dunkle Farben lassen ihn schrumpfen, klare helle Flächen weiter erscheinen. Von Bedeutung ist auch der Charakter der Farbe: Warme Farben schaffen Geborgenheit, kühle Farben Distanz und Weite.

Verblüffend ist, welch starke Ausstrahlung unterschiedliche Materialien haben. Vergleichen Sie einmal, wie ein Raum seinen Charakter verändert, wenn statt eines Bodens mit Pitchpine-Dielen polierter Beton verlegt wird; und dann wieder, wenn man darauf nun flauschige große Teppiche legt. Das lässt sich mit gängigen Einrichtungsprogrammen am Computer sehr schön simulieren. Eine ähnliche Wirkung haben Stores, die man aufhängt oder weglässt, eine Tapetenbahn als Auflockerung auf einer weißen Wand oder ein komplett tapezierter Raum, Sitzgruppen, Lichtinseln, Raumteiler. Ich hatte es in der Einleitung bereits erwähnt: Jeder Raum stellt uns die Frage, ob wir ihm

gewachsen sind. Und alle diese Elemente tragen ihr Teil dazu bei, wie wir sie beantworten. Erst wenn wir die Elemente in ihr fragiles Gleichgewicht gebracht haben, empfinden wir jenes leichte Gefühl von Dominanz, das Albert Mehrabian als grundlegend für eine gute, sichere Beziehung zu einem Raum erkannt hat.

Als Bauherren, Modernisierer und Bewohner können wir selbst für dieses Gefühl sorgen – Kinder, zumal kleine, können es nicht. Bemerkenswert und verdienstvoll ist die Initiative, die Einrichtungskonzepte für Schulen, Kindergärten und Behinderteneinrichtungen erarbeitet, um Kindern optimale Entwicklungsmöglichkeiten zu schaffen; es ist der Verein »Würzburger Modell – Bauen für Geborgenheit«. »Geborgenheit«, sagt der Vorsitzende Eduard Wisgalla, »ist die Grundvoraussetzung für Lebensqualität und eine gute Entwicklung. Sie erlaubt uns zu entspannen und unsere Energien konstruktiv zu nutzen.« Unterstützt werde das in der Architektur durch quadratische Grundrisse und die Möglichkeit, sich zurückzuziehen. Differenziertes Licht, beruhigende Farben, warme Materialien wie Holz, Keramik und Stoff unterstützten den Effekt.

Der andere entscheidende Punkt ist Sicherheit. »Erlebte Sicherheit schützt vor Depressionen und kann aggressives Verhalten mindern oder sogar verhindern«, hat Wisgalla beobachtet. »Sie stärkt das Selbstwertgefühl. Das unterstützen nicht nur stabile Möbel und feste Strukturen, sondern auch eine Stabilität des Bauwerks, die sichtbar ist. In kräftigen, soliden Balken etwa.« Und nicht zu viel Glas. »In Kindergärten mit zu vielen Fenstern und Lichteinfall herrscht immer Chaos und Unruhe. In einer Behinderteneinrichtung, die wir nach unserem Konzept gestaltet haben, verschwand die Neigung der Bewohner zu Aggression gegen sich und andere fast völlig.« Gar so überraschend ist das nicht: Wer sich sicher fühlt, kann in sich ruhen und braucht sich nicht so heftig gegen andere abzugrenzen.

Wie lebt es sich in einem komplett verglasten Hauswürfel?

Als Erwachsene wollen die meisten von uns, schon aus ästhetischen Gründen, nicht so wohnen, wie es das Würzburger Modell für Schulen und Kindergärten vorsieht. Unsere Persönlichkeit entwickelt sich und mit ihr unsere Ich-Stärke, unser Selbstwertgefühl, unsere Fähigkeit, Sicherheit nicht nur um uns, sondern auch in uns zu finden. Beim einen mehr, beim anderen weniger. Aber ist es nicht faszinierend, wie die Instinkte uns leiten? Die Fenstertür zum Garten mit diesen wunderbar schmalen Profilen ist nach Widerstandsklasse 3 (einer Kategorie für Einbruchsicherheit)

Der Blick aus den Hollywood Hills? Nein, auf den Stuttgarter Talkessel. Der Architekt und Ingenieur Werner Sobek hat sich in exquisiter Lage an einem steilen Hang diesen Weitblick ermöglicht.

eingestuft und wird, sagt das Produktdatenblatt, einem Kuhfuß standhalten. Empfinden wir diese Sicherheit? Wäre ein Fensterladen, eine Außenjalousie vielleicht besser? Und natürlich hat uns der Architekt das Prüfzeugnis für die filigrane Treppe gezeigt, die so unvergleichlich elegant ins Obergeschoss führt – aber fühlt es sich gut an, sie hinunterzustürmen? Wie sagte Friederun Pleterski? Vertrauen Sie Ihrem sechsten Sinn! Er registriert die Gefahr, aber auch die Täuschung.

Vieles, was »Bauen für Geborgenheit« umsetzt, findet sich in anderer Terminologie auch bei Feng-Shui-Beratern. Sie warnen vor zu großen Fenstern (weil zu viel Energie nach draußen abfließt, die drinnen gebraucht wird), würden niemals einen Schreibtisch so aufstellen, dass man beim Arbeiten mit dem Rücken zur Tür sitzt, platzieren ein Bett immer an einer sicheren Wand und mit freiem Blick zur Tür, bevorzugen klare Formen und eine ruhige, aufgeräumte Atmosphäre. Die Beraterin Gudrun Mende sagt: »Die erste Priorität hat bei meinen Beratungen immer das Bedürfnis nach Schutz und Geborgenheit. Es ist wichtig, eine Insel zu haben, auf der man sich wohlfühlt, die allen Stress draußen lässt.« Vielleicht ist das der Grund für das Revival des Eggchair von Arne Jacobsen, eines Entwurfs von 1956. Er ist im Grunde genommen die Design-Variante des Ohrenbackensessels, der uns schützend umfängt und jene Sicherheit bietet, die puristische, fließende, verglaste Räume uns verweigern.

Leben dann aber alle Menschen, die sich mit viel Glas umgeben und kühlen Sichtbeton lieben, wider ihre Natur und behelfen sich mit Provisorien wie dem Eggchair? Werner Sobek, deutscher Architekt von internationalem Rang, macht nicht den Eindruck. Sein Haus trägt den schönen Namen R 128 und ist in jeder Hinsicht ein außergewöhnliches Bauwerk. Feng-Shui-Meister würden schreiend davonlaufen, Normalsterbliche schaudern bei der Vorstellung, in diesem

Ein viergeschossiger Kubus ganz aus Glas und eine Ikone des modernen Bauens – das ist Werner Sobeks R 128. Er liebe die Allgegenwart der Natur, sagt er, und Gäste fänden es überraschend gemütlich.

Kubus leben zu sollen – in einem viergeschossigen Würfel ganz aus Glas, ohne Innenwände, eingebettet in einen steilen Südhang über dem Talkessel von Stuttgart.

Wie es sich darin lebt? »Paradiesisch«, schwärmt Sobek. »Viele unserer Gäste sind zunächst etwas befremdet, aber man hat ja sonst auch nie die Chance, so ein Haus auszuprobieren. Es ist ein Nest und keine Höhle, und die meisten Besucher erfahren dabei Gefühle, die sie vorher nie erfahren haben.« Es sei für sie »ein Ort der absoluten Erholung geworden«, ergänzt seine Frau Ursula. »Man ist hier auf Dauer im Urlaub.« Sie nennt als Inspiration nicht etwa Philip Johnson oder Mies van der Rohe, sondern die jemenitische Bautradition des Mafradsch. Mit diesem Namen werden in jener herben Weltgegend die obersten Stockwerke der Turmhäuser bezeichnet, die wie Adlerhorste in den Bergspitzen kleben. Der Mafradsch bietet beides zugleich: Sicherheit und Überblick, alles

sehen können, aber nicht gesehen werden. Hier sitzen die Ältesten zusammen, um sich zu besprechen. Ein »Mafradsch des 21. Jahrhunderts« sei ihr Haus, sagt Ursula Sobek.

Die Hamburger Hafencity – ein Viertel für Wohnexhibitionisten?

Was die großformatigen Fotos von großzügig verglasten Häusern, die uns auch über R 128 staunen lassen, nämlich meist nicht zeigen, ist, dass der Standpunkt des Fotografen, der die kühle Pracht einfing, dem Spaziergänger selbstverständlich nicht zugänglich ist. So wird uns der Zusammenhang verweigert, der zwischen dem Sicherheitsbedürfnis, das auch die Bewohner dieser Häuser haben, und einem sehr exklusiven weiteren Detail ihrer Planung besteht – der Lage. Wenn wir dank eines uneinsehbaren, gut gesicherten Grundstücks oder einer Hanglage vor den Blicken neugieriger Mitmenschen, deren Motive wir nicht kennen, sicher sind, dann können viele von uns die wirklich großartigen Ausblicke auch genießen.

Wo diese Bedingungen wie in den meisten Vierteln und Siedlungen fehlen, schrumpfen meist die Fenster, sie bekommen Brüstungen und Vorhänge oder werden abends von Außenjalousien beschirmt. Es bedarf schon einer bemerkenswerten Ich-Stärke oder auch eines gewissen Exhibitionismus, eine der Wohnungen zu beziehen, wie sie in der mondänen Hamburger Hafencity gebaut wurden: voll verglast über zwei Geschosse, von der anderen Seite der Fleete – so heißen die Kanäle des Hamburger Hafens – für die Massen von Besuchern, die das neue Quartier am Wochenende bestaunen, wunderbar einzusehen. Würde eine solche Wohnung zu Ihnen passen? Der Test, der auf den nächsten Seiten folgt, wird Ihnen Aufschluss geben.

Zu den meisten von uns passt diese Wohnung nicht. Viele tausend Generationen nach dem Aufbruch des Menschen zur Weltherrschaft sind es immer noch archaische Muster, die uns prägen. Hirnforscher können das erklären. Das Areal, in dem das Zentrum unserer Angst liegt, die Amygdala, auch Mandelkern genannt, gehört entwicklungsgeschichtlich zu den ältesten Teilen des Gehirns. Es entstand, als unsere Vorfahren sich noch vor Mammuts und Säbelzahntigern in Acht nehmen, als sie jederzeit bereit sein mussten zu Kampf oder Flucht. Hier sind die Muster eingeprägt, die auch heute noch unsere Instinkte leiten, die Stress erzeugen oder Entspannung erlauben. Faszinierend, wie sehr sich die Bilder gleichen: das Lagerfeuer in einer Höhle und das Kaminfeuer in einer Bauernkate – Symbole von Schutz und Geborgenheit gleichermaßen.

Und wenn sie fehlen? Ohne Sicherheit kein Entspannen, kein Loslassen, kein Wohlgefühl. Der Preis ist hoch. »Menschen, die sich zu Hause nicht geschützt und geborgen fühlen«, sagt Friederun Pleterski, »die wohnen nicht. Die stellen um, putzen, kaufen neu, haben einen unstillbaren Drang nach Veränderung.« Und ziehen schließlich um. In das richtige Haus?

Paradewohnen in der Hamburger Hafencity. Zur extravaganten Architektur des Gebäudes gesellen sich extravagante Bewohner, deren Wohnräume des Abends ihre weithin einsehbaren Bühnen sind.

Teil 1: Schutz und Geborgenheit

Schützende Bauernkate oder großer Glaswürfel – was passt zu Ihnen? Kommen Sie Ihrem Bedürfnis nach Sicherheit und Geborgenheit auf die Spur. Wählen Sie möglichst spontan jeweils eine der vier Antworten auf die Fragen, die nun folgen, und seien Sie gespannt auf die Auswertung.

Zum Ausdrucken oder Herunterladen finden Sie den Test auch im Internet unter www.dva.de/wohntyp.

1. Sie verbringen einen Abend in einem Wohnzimmer mit großer Fensterfront. Wie machen Sie es sich gemütlich?

1 Solange niemand hineinschauen kann, ist es mir dort immer gemütlich.
2 Ich schalte die Gartenbeleuchtung an.
3 Ich lasse die Außenrollos herunter und ziehe, weil es gemütlicher ist, die Vorhänge zu.
4 In einem Raum mit großer Fensterfront halte ich mich am Abend lieber gar nicht auf.

2. In der Zeitung steht, dass es in Ihrer Stadt eine Einbruchserie gab. Was denken Sie?

1 Wie gut, dass ich eine Alarmanlage habe, sie muss ohnehin gewartet werden, und darum kümmere ich mich jetzt.
2 Über meine Gartenmauer muss der erst mal kommen!
3 Bis der Täter gefasst ist, möchte ich im Haus lieber nicht alleine übernachten.
4 Einbruchserien gab es immer, ich glaube, mein Haus ist gut genug gesichert.

3. Welche Bauart gibt Ihnen das sicherste Gefühl?

1 Stein auf Stein.
2 Werden in Deutschland Häuser gebaut, die nicht sicher sind?
3 Wenn die Balken dick genug sind, kann es auch aus Holz sein.
4 Es kommt nicht auf das Baumaterial, sondern auf die Statik an.

4. Bei welcher Deckenhöhe fühlen Sie sich am wohlsten?

1 In einem Bungalow oder Haus mit normaler Deckenhöhe.
2 Die Deckenhöhe ist für mein Wohlbefinden gar nicht entscheidend.
3 In einer Bauernkate mit Holzbalkendecke.
4 In einer Wohnhalle, die sich über zwei Geschosse erstreckt.

5. Wo möchten Sie am liebsten schlafen?

1 Nach hinten zum Hof oder Garten, Stockwerk ist mir egal.
2 Lieber im ersten Stock, aber gerne mit Balkon.
3 In einem kuscheligen Raum unterm Dach.
4 Hauptsache so, dass auch bei offenen Vorhängen kein Nachbar hereinschauen kann.

6. Wie sieht Ihr optimaler Schlafplatz aus?

1 Eine Wand am Kopfende, Tür und Fenster gut im Blick.
2 Frei im Raum stehend, aber mit Betthaupt.
3 Großes Bett, großer Raum, am liebsten nur für mich (außer manchmal).
4 In einem Himmelbett.

7. Welches ist Ihr Lieblingsraum?

1 Lieber nicht so groß, mit Sprossenfenstern.
2 Übersichtlich mit schmalen, bodentiefen Fenstern.
3 Großzügig sollte er sein, wichtig ist ein freier Ausblick.
4 Groß, hoch, weit.

8. Sie wollen für drei Wochen in den Urlaub fahren. Die Sachen sind gepackt und im Auto. Welche Situation kommt Ihnen bekannt vor?

1 Bei uns ist oft Chaos vor der Abreise, deshalb mache ich mir schon an der ersten Straßenecke Gedanken, ob wir alles dabei haben.
2 Ich mag keine komplizierten Reisen, jeder packt seine Sachen, und was wir vergessen haben, kaufen wir vor Ort.
3 Ich hake auf einer Liste ab, ob ich an alles

gedacht habe, und kontrolliere sorgfältig, ob alles ausgeschaltet und abgeschlossen ist.

4 Ich checke ein letztes Mal, ob ich Schlüssel, Geld und Fahrkarten habe, und fahre los.

9. Für wie viele Jahre sollte Ihr Haus das richtige sein?

1 Keine Ahnung. Man entwickelt sich weiter, und dann muss man auch mal umziehen.

2 Wo ich mich zu Hause fühle, möchte ich eigentlich nicht wieder weg.

3 So lange wie möglich, ich ziehe nur um, wenn es nicht anders geht.

4 So sorgfältig, wie ich plane, möchte ich nicht wieder ausziehen. Aber wenn die Karriere es verlangt?

10. Wie viel Nähe wünschen Sie sich zu Ihren Nachbarn?

1 Am besten gar keine. Je weniger ich von den Nachbarn sehe und höre, umso besser.

2 Wenn sie zu uns passen, dann kann ich mir auch ein freundschaftliches Verhältnis vorstellen.

3 Eine gute Nachbarschaft ist viel wert.

4 In einem Mehrfamilien- oder Reihenhaus, wo man die Nachbarn auch mal hört und sieht, fühle ich mich wohl und sicher.

11. Stellen Sie sich ein intelligentes Haus vor, in dem viele Funktionen von einem Zentralcomputer gesteuert werden. Wie finden Sie das?

1 Hilfe, wie schrecklich.

2 Wenn sie der Bequemlichkeit dient, ist Technik etwas Feines, aber ich möchte mich nicht lange damit befassen müssen.

3 Das kann sinnvoll sein, wenn ich es sorgfältig geprüft habe.

4 Klasse, wenn die Technik sich um alles kümmert, mit solchen Lösungen befasse ich mich gerne.

12. Welchen Fußbodenbelag würden Sie am wenigsten mögen?

1 Flauschigen Teppichboden

2 Polierten Beton

3 Polierten Marmor

4 Gestampften Lehm

13. Wie ist oder war der Raum möbliert, in dem Sie sich bisher am wohlsten gefühlt haben?

1 Sehr individuell, mutig und fantasievoll.

2 Man könnte ihn fast spartanisch nennen.

3 Stilvoll und aufgeräumt.

4 Viele schöne Möbel und urgemütlich.

14. Wie gestalten Sie Ihre Wohnung?

1 Möglichst reduziert und pur.

2 In einem Stilmix von ausgewählten Stücken.

3 Schön dekoriert, mit vielen liebevoll platzierten hübschen Details.

4 Ich lege Wert auf Harmonie und Perfektion.

15. Wie begrenzen Sie Ihr Grundstück?

1 Mit einem gediegenen wetterbeständigen Zaun.

2 So, dass ich rundherum vor Blicken geschützt bin.

3 Das mache ich so wie die Nachbarschaft.

4 Mit einer bunt gemischten Hecke.

16. Was gibt Ihnen ein gutes Gefühl?

1 Nähe zu meinen Lieben

2 Bekanntes und Vertrautes

3 Abwechslung

4 Unabhängigkeit

Die Auswertung

Schauen Sie, welche Ziffer welchem Buchstaben entspricht, und zählen Sie, wie oft Sie einen Buchstaben angekreuzt haben. Je häufiger ein A, B, C oder D in der Auswertung auftaucht, umso stärker ist die Ausprägung Ihres Bedürfnisses nach Sicherheit und Geborgenheit, für die dieser Buchstabe steht. Was sich dahinter verbirgt und wie Sie Ihr Wohnumfeld optimal auf Ihr Bedürfnis abstimmen können, lesen Sie auf den nächsten Seiten.

Anwort	1	2	3	4
1.	D	C	B	A
2.	B	D	A	C
3.	B	C	A	D
4.	B	C	A	D
5.	C	B	A	D
6.	B	C	D	A
7.	A	B	C	D
8.	A	D	B	C
9.	C	A	D	B
10.	D	C	B	A
11.	A	C	D	B
12.	D	A	C	B
13.	C	D	B	A
14.	D	C	A	B
15.	B	D	A	C
16.	A	B	C	D

A. Der natürliche Typ
Geborgenheit steht an erster Stelle.

Sie fühlen sich zu Wohnungen oder Häusern hingezogen, die eine ausgesprochen beschützende Ausstrahlung haben. Geborgenheit, insbesondere die Geborgenheit inmitten anderer Menschen, steht für Sie an erster Stelle. Ihnen ist bedeutend wohler, wenn Sie in der Nähe Ihrer Familie wohnen. Aber auch eine gut funktionierende Nachbarschaft schätzen Sie sehr, da sie Ihnen ein sicheres Gefühl gibt, vor allem, wenn Sie allein im Haus sind. Die Nähe zum Partner oder der Familie gibt Ihnen ein gutes Gefühl, so wie Ihnen auch die Gesellschaft von Freunden viel bedeutet. Ihre Wohnung strahlt viel Sicherheit und Behaglichkeit aus. Das zeigt sich auch in der Möblierung der Räume. Je größer ein Raum ist, desto mehr verspüren Sie das Bedürfnis, ihm durch Möbel und Accessoires, die Wärme ausstrahlen, eine Atmosphäre der Gemütlichkeit zu verleihen. Sie ziehen abgeschlossene, überschaubare Räume einem offenen Grundriss vor. Sie lieben naturnahe Materialien.

Unsere Tipps
► Damit Sie sich auch alleine in Ihrem Zuhause wohl und sicher fühlen können, sollten Sie vor allem auf die Lage des Hauses und seine Umgebung achten. Inmitten einer Siedlung sind Sie besser aufgehoben als am Waldrand oder gar in Alleinlage. Oder ist nicht eigentlich eine Dachwohnung noch besser geeignet?
► Kleinere Räume mit niedrigen Decken, wie etwa eine Bauernstube, vermitteln Ihnen ein gutes Gefühl.
► Wählen Sie vor allem den Schlafraum mit großer Sorgfalt aus. Er sollte im Dach- oder Obergeschoss liegen und von außen nicht erreichbar sein, weder über einen Balkon

noch einen großen Baum. Das Bett platzieren Sie so, dass Sie Tür und Fenster im Blick haben.

► Art und Größe der Fenster sind für Sie ein wichtiger Aspekt. Kleinere Fenster mit einer Brüstung oder Sprossenfenster vermitteln Ihnen mehr Schutz. Wenn Sie wegen des Lichteinfalls und der Großzügigkeit auf große Fenster trotzdem nicht verzichten wollen, sollten Sie für den Abend eine gute Gartenbeleuchtung vorsehen und das Grundstück durch eine blickdichte, undurchdringliche Hecke, einen soliden hohen Zaun oder eine Mauer abschirmen.

► Auch Außenjalousien, Fenstergitter oder Fensterläden lassen Sie nachts ruhiger schlafen.

► Bevorzugen Sie bei der Wahl der Materialien das, was natürlich ist und Wärme ausstrahlt, Teppichböden aus Wolle oder Ziegenhaar etwa oder geöltes Holz. Mit Vorhängen oder Kissen betonen Sie diese Atmosphäre ebenso wie mit differenziertem Licht und sanften, warmen Farben.

Das perfekte Haus für den natürlichen Typ. Ein üppig blühender Garten, tief heruntergezogenes Reetdach, kleine Fenster und, wie man vermuten darf, kuschelige Zimmer mit niedrigen Decken.

- ▶ Verzichten Sie auf Technik, die Sie nicht wirklich beherrschen, sie würde Sie nur verunsichern.
- ▶ Trauen Sie Ihrem Gefühl und lassen Sie sich Ihr Bedürfnis nach Sicherheit von Ihrem Partner nicht ausreden.

B. Der traditionelle Typ
Eine solide Bauweise schafft ein gutes Gefühl.

Sie haben ein ausgeprägtes Bedürfnis nach Sicherheit. Das kann sich ausdrücken in der Vorliebe für solide, traditionelle Bauweise und gutes Handwerk. Sie legen Wert auf Einbruchschutz und schätzen vielleicht sogar eine Alarmanlage. Sie können sich in durchschnittlich dimensionierten Räumen mit gängiger Deckenhöhe genauso wohlfühlen wie in der Großzügigkeit eines stilvollen Altbaus mit hohen Decken, Stuck und ausgewogenen Proportionen. Doch sollten die Räume niemals karg wirken, sondern maßvoll möbliert sein. Sie schaffen eine warme, behagliche Atmosphäre, indem Sie mit hochwertigen Accessoires, schönen Teppichen und ausgesuchter Kunst dekorieren. Sie planen sehr sorgfältig, wägen die Entscheidungen für Technik, Ausstattung und Möblierung gründlich ab und achten auf ein gutes Preis-Leistungs-Verhältnis. Langlebigkeit ist Ihnen wichtig. Sie mögen es sehr, wenn Dinge gut und reibungslos funktionieren und gehen dabei keine Kompromisse ein.

Unsere Tipps
- ▶ Eine passende Wohnform kann für Sie ein Reihenhaus, eine Doppelhaushälfte oder eine Altbauvilla sein, in jedem Fall aber ein Zuhause, das in eine gute, lebendige, unterstützende Nachbarschaft eingebunden ist.
- ▶ Große bodentiefe Fenster könnten zwar Ihrem Bedürfnis nach Repräsentation entsprechen, vermitteln Ihnen aber zu wenig Sicherheit, zumindest wenn sie zur Straße oder zum Nachbarn ausgerichtet sind.
- ▶ Auch für Sie eignen sich Außenrollos oder bei einem traditionellen Baustil Fensterläden.

Fenster in klassischer Aufteilung sind nicht nur Ausdrucks des Stils, den der traditionelle Wohntyp schätzt, sie vermitteln auch mehr Geborgenheit.

Ein großzügiges »Raumprogramm«, wie Architekten es nennen, gefällt dem ungebundenen Typ sehr. Ideal der fließende Übergang zwischen Innen und Außen.

- ► Ein traditioneller Grundriss, bei dem jeder Raum eine klar definierte Funktion hat, passt besser zu Ihnen als offen ineinander übergehende Räume. Im Zweifelsfall sollten sie zumindest durch Schiebetüren voneinander zu trennen sein.
- ► Eine Außen- und Gartenbeleuchtung mit Dämmerungssensor und Bewegungsmelder gibt Ihnen ein gutes Gefühl.
- ► Wenn Sie ein gutes Verständnis für Technik haben, lassen Sie sich doch einmal über intelligente Haustechnik informieren. Gerade in Bezug auf Sicherheit ist sie interessant.
- ► Kräftige Wandfarben oder Tapeten mit klassischen Mustern schaffen Nähe und sorgen für Geborgenheit in großen Räumen. Gerade in den vergangenen Jahren sind viele schöne Tapetenmuster entworfen und wiederentdeckt worden, mit denen Sie stilvoll gestalten können.

C. Der ungebundene Typ
Die richtige Mischung aus Sicherheit und Großzügigkeit

Sie gehen bei der Planung oder Auswahl Ihres Hauses relativ locker mit dem Thema Sicherheit um. Sie reagieren sehr flexibel auf die unterschiedlichsten Bedingungen. Sie kommen nicht nur mit dem zurecht, was sich Ihnen bietet, sondern nehmen die Dinge auch gerne in die Hand. Dabei ist Ihnen eines allerdings besonders wichtig: das richtige Maß an Großzügigkeit einerseits und Gemütlichkeit andererseits zu finden. Dank Ihres schwach ausgeprägten Bedürfnisses nach Sicherheit können Sie sich auch für große Fensterflächen und hohe Geschossdecken begeistern. Besonders wichtig ist Ihnen der Bezug zur Natur. Das Schutzbedürfnis steht hierbei hinter dem Bedürfnis nach Großzügigkeit zurück. Sie brauchen weniger soziale Nähe zu Ihrem Umfeld, suchen aber dennoch nicht das Haus in Alleinlage. Sie gehen pragmatisch mit Fragen der Sicherheitstechnik um und gestalten die Räume in einer fantasievollen, ungewöhnlichen Mischung aus Möbeln, Tapeten, Stoffen, Teppichen und Accessoires.

Unsere Tipps

► Zu Ihnen passt jede Wohnform, die Ihren eigenständigen Charakter unterstreicht, ob Haus, Wohnung oder Loft, Neubau oder Altbau.

► Ihrer Kreativität entspricht es allerdings am besten, wenn Sie ein Haus ganz nach Ihren Vorstellungen bauen oder umgestalten können. Dann haben Sie die Möglichkeit, einen interessanten offenen Grundriss zu schaffen.

► Mit bodentiefen, großen Fensterflächen können Sie für Einblicke und Ausblicke sorgen und die Großzügigkeit noch unterstützen.

► Für Sie muss das Schlafzimmer nicht unbedingt im Obergeschoss liegen. Wichtiger ist ein schöner Ausblick vom Bett aus.

► Stellen Sie Ihre Wohnung nicht zu voll und lassen Sie sie auch nicht von anderen zu voll stellen. Eng und sehr »kuschelig« mögen Sie es nämlich gar nicht.

► Auch die Materialien und Möbel sollten Ihrem Wunsch nach Großzügigkeit gerecht werden, allerdings ohne das Bedürfnis nach Bequemlichkeit zu vernachlässigen: Parkettfußboden kombiniert mit lackierten Möbeloberflächen, Wände mit glatten Oberflächen und geradlinige Polstermöbel können dabei wichtige Elemente sein, weil sie eine schöne Bühne für außergewöhnliche Einzelstücke sind.

► Sie gehen mit Optimismus durchs Leben und vernachlässigen daher gerne mal soliden Einbruchschutz. Das muss nicht immer gut gehen. Außerdem: Fragen Sie Ihren Partner, ob er das genauso entspannt sieht.

► Bedenken Sie, dass große Fenster Kindern im Dunkeln Angst machen können. Achten Sie in den Kinderzimmern also auf eine beschützende Atmosphäre.

D. Der rationale Typ
Viel Platz, aber kein Einblick

»My Home is my Castle« könnte für Sie erfunden worden sein – auch wenn Sie das niemals an Ihr Haus schreiben würden! Sie legen keinen großen Wert auf Kontakt zur Nachbarschaft, schotten sich eher gegenüber anderen ab. Hohe Mauern oder eine weitgehend geschlossene Fassade bieten Ihnen Schutz und Ruhe vor der Außenwelt, von der Sie in Ihren vier Wänden nichts sehen und hören wollen. Bei der Gestaltung setzen Sie Ihren ganz persönlichen Geschmack kompromisslos um. Wenn sich Ihr Haus, Ihre Wohnung öffnet, dann zu einer Seite, die nicht von Fremden einsehbar ist. Große, ja, überdimensionierte Räume geben Ihnen ein gutes Gefühl. Kleine Räume engen Sie dagegen ein und wirken auf Sie ganz und gar nicht behaglich. Sie brauchen auch keine warmen Materialien, um sich geborgen zu fühlen. Bei der Gestaltung der Wohnräume gehen Sie eher sparsam und puristisch vor. Je reduzierter die Einrichtung, desto besser. Sie lassen gerne den Baustil, die Materialien und die Großzügigkeit der Räume für sich wirken.

Unsere Tipps

► Zu Ihnen passt ein Haus in Alleinlage oder ein großes, helles Loft, jedenfalls ein Platz, der Sie nicht bei Ihrer Selbstverwirklichung einschränkt. Auch eine Lage am Waldrand oder an einem einsamen See kann Sie nicht schrecken – im Gegenteil, sie gibt Ihnen ein herrliches Gefühl von Freiheit.

► Überlegen Sie, eine Eigentumswohnung zu kaufen? Bedenken Sie, dass viele Entscheidungen, die auch Ihre Wohnung betreffen, von der Eigentümergemeinschaft abhängen. Das könnte Sie stark bedrängen.

► Wenn Sie große Fensterflächen lieben, achten Sie besonders auf die Lage des Grundstücks. Liegt die Straße im Süden, sitzen

Sie auf dem Präsentierteller, und das ertragen Sie schlecht.

► Beim Grundriss müssen Sie nicht auf ein Bedürfnis nach Geborgenheit Rücksicht nehmen, aber auf Ihr ausgeprägtes Ruhebedürfnis.

► Wenn Sie bauen, planen Sie offene Raumstrukturen und hohe Räume. Wenigstens einer der Räume sollte sich über zwei Geschosse erstrecken. Dabei muss das Gebäude aber keineswegs riesig (und damit womöglich unerschwinglich) sein.

► Verzichten Sie auf Nischen, Erker und Winkel, bevorzugen Sie klare Linien.

► Kühle Materialien wie Fliesen, polierter Beton, Sichtbeton, Glas und auch Stahl können wesentliche Elemente Ihrer Ausstattung sein.

► Und auch für Sie der Rat: Beachten Sie das Schutzbedürfnis Ihrer Mitbewohner. Gerade Kinder haben ein besonderes Bedürfnis nach Geborgenheit.

► Was Ihnen bewusst sein sollte: Die Geste, die eine geschlossene Fassade darstellt, wird von den wenigsten Menschen als sympathisch empfunden. Das mag Ihnen nicht so wichtig sein – aber wie steht es mit Ihrer Familie?

Klare Strukturen, kompromisslos reduzierte Gestaltung und ein großzügiger Hof, der von Mauern umfriedet ist: Hier findet der rationale Typ Ruhe und Entspannung.

Kommunikation

Wir brauchen Platz für uns!

Der Grundriss eines Hauses prägt das Leben darin, zum Guten wie zum Schlechten. Mauern entscheiden, ob wir entspannt miteinander sein können oder uns zu eng auf dem Pelz hocken; sie sollten also richtig gezogen sein. Oder besser gleich weggelassen werden? Offene Grundrisse sind ja derzeit sehr beliebt. Warum eigentlich?

Welche Bilder wecken in Ihnen die Sehnsucht nach einem glücklichen Zuhause? Die ganze Familie, Kinder, Eltern, Großeltern, um den Tisch in der guten Stube? Die Mutter mit den Kindern in der Küche, beim Kochen, Spielen, Schularbeitenmachen? Die fröhliche Kartenrunde in der großen Wohnküche? Das Sommerfest mit Freunden auf der Terrasse und im Garten, erleuchtet von Fackeln? Oder das Paar innig am Kamin, den edlen Bordeaux im Glas? Es verbinden sich viele Glücksvorstellungen mit dem eigenen Zuhause, und die meisten sehen uns mit anderen, aufgehoben in der Gemeinsamkeit von Partner, Familie und Freunden. Die Idee spendet uns Trost, gibt uns Halt und Zuversicht. Natürlich sind es die Menschen, nach denen wir uns sehnen. Aber es sind auch die Orte, die untrennbar zu diesen Bildern gehören: Orte der Gemeinsamkeit, der Kommunikation.

Ein Möbelhersteller warb vor Jahren mit dem schönen Satz: »Ein großer Tisch kann Ihr Leben stärker verändern als ein neues Auto.« Recht hatte er. Denn auch mit dem neuen Auto fahren wir immer noch von A nach B, der große Tisch aber kann sich, anders als der kleine, zu einem Ort der Kommunikation entwickeln, zum Zentrum des Hauses und des Lebens darin. Wie groß soll er sein: 1,60 Meter lang, 2,00 Meter oder gar 2,40 Meter? Wie viele Stühle sollen an ihm stehen: vier, sechs oder gleich acht? Und wo stellen wir ihn auf? In der Wohnküche, im Wohnzimmer, im zur Küche hin offenen Wohnraum, in der zu einer Galerie offenen Wohnhalle? Oder ganz traditionell im Esszimmer? Ist überhaupt Platz genug für einen großen Esstisch? Oder müssen wir uns bescheiden und abfinden mit einer Durchschnittsgröße, weil der Tisch sonst den Platz belegte, den die Menschen für sich selbst brauchen?

Der Leiter der Frankfurter Schule für freie und angewandte Kunst Fritz Wichert prägte einen bemerkenswerten Begriff: die »Unentrinnbarkeit der Architektur«. Das war kein Schlachtruf gegen die Zunft der Architekten, kein Kampfbegriff, der Auswüchse des Städtebaus brandmarken sollte. Wichert fand es gut, dass niemand den Bedingungen entkommt, die ein Bauwerk schafft. Mauern waren ihm Verbündete. »Die Baukunst als Gehäuse, als Umgebung, als Milieu, vom Menschen geschaffen, strahlt bildende Kraft aus und gestaltet so wiederum von sich aus das Wesen der Menschen. Geformtes formt.« Und Wichert formulierte sein Ziel: »Die neue Baukunst wird zu einer völlig neuen Lebenshaltung der Menschen führen.«

Die erzieherische Kraft der Architektur

Aus den zwanziger Jahren des vergangenen Jahrhunderts, einem Jahrzehnt des Aufbruchs auch in der Architektur, stammt dieses Zitat. Das Bauhaus erlebte seine Blüte, Architekten

Was für eine wunderbare Wohnebene! Ludwig Mies van der Rohe gestaltete sie für die Villa Tugendhat in Brünn. Ihr Reiz – die Offenheit – ist zugleich ihr Problem: die Akustik erlaubt nur *eine* Nutzung zur selben Zeit.

wie Bruno Taut, Ludwig Mies van der Rohe und Walter Gropius waren angetreten, eine neue Vorstellung des Bauens umzusetzen. Modern sollte es sein, emanzipatorisch, der Wissenschaft verpflichtet. Nur kam ihnen dabei manchmal der Mensch abhanden. Ein berühmtes Beispiel: die Villa Tugendhat, gebaut von Mies, ein Meilenstein der modernen Architektur. Die Front zum Garten ist komplett verglast, Wohnen, Essen, Bibliothek und Musikzimmer gehen fließend ineinander über, wobei der übergroße Schreibtisch des Besitzers dominant im Raum steht. Arbeitete er dort, konnten alle anderen in der gesamten Repräsentationsetage nur noch flüstern, wollten sie den Hausherren nicht in seiner Konzentration stören.

Ein Beispiel für hochherrschaftliches Wohnen der zwanziger Jahre? Gewiss, aber solche offenen Grundrisse werden mittlerweile sogar im sozialen Wohnungsbau mit wachsen-

der Begeisterung realisiert. In Wohn- und Architekturzeitschriften gelten sie als die zeitgemäßen, weil sie ja tatsächlich genug Raum bieten für Kommunikation (und einen richtig großen Tisch). Allerdings erzwingen sie das Miteinander. Wer immer hier vorm Fernseher sitzt, nötigt die anderen zum Mitgucken (oder zum Verlassen des Raums). Wir beginnen zu ahnen, was Fritz Wichert mit der »Unentrinnbarkeit der Architektur« meinte.

Wir können unserer gebauten Umwelt nicht entkommen. Der Grundriss eines Hauses prägt das Leben darin. Er gibt vor, wie viel Platz für Gemeinsamkeit ist und für das Alleinsein; wie viel Zeit für die Hausarbeit draufgeht; ob Ordnung herrschen kann (weil es genug Platz für Schränke gibt) oder Unordnung herrschen muss (weil er fehlt); ob eine Familie entspannt oder unter zermürbendem Stress in den Tag kommt, weil es ein zweites Bad für die Kinder gibt oder eben nicht.

»Wenn alle Funktionsbereiche im Haus auf logische Art angeordnet sind, wird das Tagesgeschehen reibungsloser und stressfreier ablaufen«, schreibt Bettina Rühm in ihrem Buch »Der optimale Grundriss«. »Sind dagegen durch nachlässige Planung dauerhafte Störquellen entstanden – man denke nur an zu enge Eingangsbereiche oder das Jugendzimmer neben dem Arbeitsraum –, sind Konflikte in der Familie programmiert. Ein guter Grundriss zeichnet sich dadurch aus, dass er im Hinblick auf Wegeführung, Raumgrößen und Raumzuordnungen die Lebensgewohnheiten der Bewohner abbildet und ihre Tagesabläufe erleichtert.«

Das Herz eines Hauses ist die Küche – so lautet ein geflügeltes Wort. Wir haben dabei eine große Wohnküche vor Augen, in der gekocht, gespielt, geplaudert, getrunken wird, wo die Kinder ihre Schularbeiten machen und man sich abends mit Freunden zum Doppelkopf trifft. Über Jahrhunderte hat sich das entwickelt, zumal früher in vielen Häusern die Küche der einzige geheizte Raum war, weil nur im Herd ein Feuer brannte. Den Erfindern des Neuen Bauens in den zwanziger Jahren, die wir heute als Ikonen des Bauhauses verehren, war sie ein Dorn im Auge. Sie sahen es als schädlich an, wenn in einem Raum gekocht, gegessen, gelebt und, in Arbeiterhaushalten, häufig auch geschlafen wurde. Und sie setzten die erzieherische Kraft, die Unentrinnbarkeit der Architektur dagegen; ihre Idee: »Wenn die Leute nicht aufhören, die Küche als Lebenszentrum zu nutzen, dann müssen wir sie eben so klein machen, dass das nicht mehr geht.« Was bei diesen Überlegungen herauskam, wurde als »Frankfurter Küche« berühmt, 1926 von der Wiener Architektin Margarete Schütte-Lihotzky entworfen. Sie wendete dabei eine Methode an, die in der Industrie der USA gerade groß in Mode war, das »Taylorsystem«: Mithilfe einer Stoppuhr wurden sämtliche Handgriffe gemessen, um die Dauer eines Arbeitsganges zu ermitteln und zu optimieren. Schütte-Lihotzky ging von

einem besonders rationellen Arbeitsablauf in der Küche aus, entwickelte als Ersatz für die vorher üblichen Einzelmöbel normierte Einbauschränke und richtete damit einen Raum ein, der alleine dem Kochen dienen kann.

Ihr Kollege Ernst May lobte: »Jeder Winkel ist auf das sparsamste ausgenützt, sodass bei aller Bescheidenheit der Ausmaße ein fachgemäßes Hantieren beim Kochen und Spülen gewährleistet wird.« Die Arbeitsküche war geboren. Sie sollte nach den Ideen ihrer Erfinderin der Hausfrau mehr Freiheit geben, weil sie schneller ihre Hausarbeit erledigen konnte. Die Realität sah anders aus: Während ihrer

Das gemütliche Sofa macht aus der Küche ein zusätzliches Wohnzimmer. Freilich muss genug Platz dafür sein, ein Grund, aus dem sich Altbauten mit ihren großen Küchen ungebrochener Beliebtheit erfreuen.

Die klassische Aufteilung in Küche, Wohn- und Esszimmer ist aus der Mode gekommen. Zu Unrecht. Sie erlaubt vielfältige Nutzungen und entzieht das ganz normale Küchenchaos den Blicken der Gäste.

Arbeit in der Küche war sie vom Familienleben abgeschnitten, was ihre Rolle als Dienstmagd der Familie zementierte, und sie konnte überdies die Kinder nicht im Blick behalten. Kommunikation? Gemeinsam kochen, essen und die Hausarbeit erledigen? Fehlanzeige. »Die Architekten des Neuen Bauens haben bei der Gestaltung der Grundrisse versagt, weil sie dachten, definieren zu können, was ›richtiges Wohnen‹ ist«, kommentiert Gerd Kuhn vom Institut für Wohnen und Entwerfen der Uni Stuttgart. »Sie haben dabei nie

infrage gestellt, dass sie die Berufenen sind, um die Lebensbedingungen richtig zu interpretieren.« Ihr Motto: »Wir wissen, was sozial, hygienisch, ästhetisch richtig ist.« Manche Vertreter der Zunft, scheint uns, haben sich aus dieser Hybris bis heute nicht gelöst.

Manche Orte, an denen kommuniziert wird, sind dafür völlig ungeeignet.

Richtiges Wohnen ist zuallererst eine Sache des Typs. Gerade die Art, wie wir mit anderen in Kontakt treten, in Kontakt bleiben oder ihn beenden, macht ja unsere Persönlichkeit aus. Der natürliche Typ wird seine Familie möglichst eng um sich scharen, der rationale Typ immer wieder auf Distanz bringen. Die Geborgenheit, die eine Wohnküche für den natürlichen ausstrahlt, empfindet der rationale als bedrängend, auch weil ihm seine Lieben hier zu schnell zu eng auf die Pelle rücken. Damit beide Typen in ihrem Haus glücklich leben können, muss der Grundriss für den ersten ein anderer sein als für den zweiten. Aber um entscheiden zu können, welcher ihnen jeweils guttut, sollten wir die Situationen anschauen, in denen kommuniziert wird.

Überprüfen wir unser Haus, unsere Wohnung auf diese Orte und Situationen, stellen wir fest: Manche dieser Orte sind für Kommunikation gedacht und geeignet – und an anderen passiert es trotzdem, zum Beispiel im Flur vor dem Bad oder an der Garderobe. Wenn wir die Situationen eines typischen Tagesablaufs jener vierköpfigen Familie durchspielen, die als Klischee die Bausparkassenwerbung mit ihren sehnsuchtsvollen Bildern bevölkert, erleben wir, wie in unseren vier Wänden Kommunikation ermöglicht und/oder erzwungen wird. Zum Wohle oder zum Schaden der Bewohner.

Die Morgentoilette Wer muss wann ins Bad, wie viel Zeit hat er dafür, bis der Nächste an die Reihe kommt? Kleineren Kindern führt man die Zahnbürste, Pubertierende legen eine enervierende Ausdauer beim Styling an den

Tag, Morgenmuffel, jung oder alt, verweigern Absprachen und Kompromisse. Und dazwischen VermittlerInnen, um Frieden ringend, besänftigend, antreibend. Wie viele Bäder braucht man, damit der Tag ermutigend beginnt? Ein befreundeter Unternehmensberater entschied: für jedes Familienmitglied eins. In seinem Fall: sieben. So verhindert man wirkungsvoll Kommunikation (die zu dieser Tageszeit ohnehin meist misslingt).

Das Frühstück Wo trifft man sich zu Müsli, Rührei oder Toast mit Orangenmarmelade? Am Tresen der offenen Küche, am Kieferntisch der Wohnküche der Altbauwohnung oder – am Esszimmertisch, von der treu sorgenden Mutter eingedeckt, weil in der Arbeitsküche nach Schütte-Lihotzky leider kein Platz ist?

Der Aufbruch in den Tag Ab ins Nadelöhr namens Flur, Garderobe, Windfang. Gibt es eine Bank, auf der man sitzend die Schuhe schnüren kann, ausreichend Platz für Jacken, Mützen, Schals, Handschuhe, wenn alle dem Beginn von Kindergarten, Schule, Arbeit zustreben?

Die Hausarbeit Kein Problem, wenn Honorarkräfte sie erledigen, schwierig, wenn gleichzeitig Kinder zu beaufsichtigen sind. Ein Beispiel, das den Planer Günter Hertel aufbringt: »Eine gute Erziehung beruht ja darauf, das Kind zu unterstützen und zu fördern. Erzwingt aber die Anordnung der Räume zueinander, dass die Mutter ständig hinter dem Kind herläuft, weil sie es während der Hausarbeit nicht beobachten kann, kommt sie unter Dauerstress. Mit dem Effekt, dass sie aggressiv wird, weil ihr nun auch noch die Kartoffeln anbrennen. Dagegen kommen keine noch so guten Ideen zur Erziehung an.« Architektur ist unentrinnbar.

Die Familienrituale Was ist es, das den Zusammenhalt der Familie, ihr Glück stützt, und welcher ist der Ort, den man zu Hause dafür braucht – die Küche, das Wohnzimmer, der Garten? Kochen, Spielen, Basteln, Lesen, Vorlesen, gemeinsam Filme anschauen: die Möglichkeiten sind vielfältig. Oder sind Individualisten am Werk, die jeder für sich machen und genießen?

Der Abend für das Paar Wo ist der Platz zum Ausspannen, Pläneschmieden, Problemelösen? Vor dem Kamin? Oder doch nur im Schlafzimmer?

Der Grundriss dokumentiert die Rollenverteilung.

Je mehr Personen miteinander durch den Tag gehen, umso zahlreicher die Konflikt-

Das Bad unterm Dach, direkt am Schlafzimmer, erlaubt einen gelassenen Start in den Tag und entspannende Pausen in der Hektik des typischen Familienalltags. Man kann es auch luxuriös nennen.

punkte, umso höher die Anforderungen an den Grundriss. Komplexe Bedürfnisse finden in der bereits gebauten Umwelt nur selten ihre Entsprechung, denn die Ansprüche haben sich gewandelt. Grundrisse sind ja immer auch Ausdruck einer Geisteshaltung, einer Rollenverteilung, sie dokumentieren den Rang, den man in der Zeit, in der sie entstanden, ihren Bewohnern zugestand.

So war in den Herrenhäusern vergangener Jahrhunderte die Küche selbstverständlich nicht das Zentrum des Hauses, sie befand sich abseits, nicht selten im Souterrain. Hier verrichtete schließlich das Personal seinen Dienst. Und so erzählt uns auch der typische Schnitt eines Hauses aus den Sechzigern mit kleiner Küche, großem Wohnzimmer, winzigen Kinderzimmern und einem großen Elternschlafzimmer viel über die Bedeutung, die den einzelnen Familienmitgliedern beigemessen wurde. Das Dumme an diesen Grundrissen: Sie lassen sich nur sehr schwer unserem heutigen Verständnis von einer Gleichrangigkeit der Bedürfnisse aller anverwandeln.

Auch die Bedeutung des Kochens hat sich grundlegend gewandelt, wie die vielen TV-Shows belegen. Das hat naturgemäß Auswirkungen auf die Dimension und Gestaltung der Küche. Seit der Erfindung der Frankfurter Küche war sie häufig 2,40 mal 3,20 Meter groß, hatte Tür und Fenster an den Stirnseiten und genau 7,50 Meter Schrankfronten.

Heute dagegen wird der Raum um die Kochinsel, die mittlerweile zum gehobenen Standard gehört, immer üppiger, er ist immer häufiger zum Wohn- oder Esszimmer hin offen oder sogar ganz in den Wohnbereich integriert. Das Kochen avanciert von der Zubereitung der Nahrung zu einem Akt der Kommunikation, ja manchmal sogar zu einem gesellschaftlichen Ereignis. Und wer will schon auf knapp 8 Quadratmetern vor sich hin werkeln, wenn nebenan die Gäste bereits den Aperitif nehmen? Die Arbeitsküche degradierte Koch oder Köchin zum Dienstpersonal – die offene Küche dagegen präsentiert sie wie eine Bühne den Hauptdarsteller. So kriegt man auch Männer zum Kochen.

Wie praktisch und wie stilvoll: Flügel- oder Schiebetüren verleihen Zimmerfluchten erst ihre Großzügigkeit. Aber sie lassen sich eben auch schließen und schaffen damit Flexibilität.

Die pure, die konsequente Lösung. Kochen, Essen, Wohnen in einem Raum, umgeben von Glas, Granit, Beton und Lack. Die perfekte Bühne für den wohlhabenden Design-Puristen.

Aber halt! Ich begehe gerade denselben Fehler, dem Redakteure von Wohn- und Architekturzeitschriften nur zu leicht verfallen: Trends zu verabsolutieren. Und so ist es für einen Wohntyp, hier den ungebundenen, ein großer Gewinn, wenn die Küche zur Bühne mitten im Wohnraum wird, für den anderen, den traditionellen, ist es das Gegenteil. Denn er kann es nur schlecht ertragen, wenn das Kochen zum Event in seinem Wohnzimmer eskaliert. Er schätzt stattdessen die althergebrachte Aufteilung: Küche, Esszimmer, Wohnzimmer. Und er hat alles Recht dazu. Das ergibt sich auch aus der Antwort auf die Frage, wie gut man sich gegen Lärm abschirmen, in einem offenen Grundriss gelassen bleiben kann. Dabei spielt natürlich auch die Lebenssituation eine wichtige Rolle. Während

ein Haus für eine Familie dem Einzelnen die Möglichkeit bieten sollte, sich zurückzuziehen, ist dies für einen Single nicht so wichtig. Sein Haus kann daher offen gestaltet sein. »Da bei allein Lebenden oft Freunde und Bekannte die Familie ersetzen«, erklärt Bettina Rühm, »sind nicht nur Gästezimmer wichtig, sondern auch großzügige und repräsentative Räume, die Platz für Einladungen bieten.«

Grundregeln für Grundrisse

Trotzdem gibt es einige Grundregeln, die einen Grundriss lebenstauglich machen.
1. Einfache Grundrisse sind wirtschaftlicher, billiger, brauchen weniger Grundfläche und funktionieren besser.
2. Kurze Wege, eine sinnvolle Zuordnung und

klare Räume schaffen Übersichtlichkeit, erleichtern die Bewegungsabläufe und das Reinigen und bieten mehr Möglichkeiten für die Möblierung.

3. Die Küche sollte möglichst nahe beim Eingang liegen. Vom Eingang ohne Umwege in die Küche zu gelangen erleichtert den Alltag ungemein, da sich die Einkäufe gleich an Ort und Stelle einräumen lassen, ohne dass sie erst durchs Wohnzimmer oder andere Räume getragen werden müssen. Gut geeignet ist auch eine geräumige Speisekammer als Schleuse zwischen Eingang und Küche.

4. Eine direkte Verbindung von der Küche ins Esszimmer (wenn es denn eins gibt) sollte selbstverständlich sein.

5. Mehrere Zimmer gleicher Größe, deren Funktion nicht festgelegt ist, machen eine flexible Nutzung möglich, wenn Lebensumstände sich ändern. So wird ein Haus zukunftsfähig.

6. In jedem Haus und an jedem Arbeitsplatz gibt es einen täglichen Verkehr von Gegenständen, die man am häufigsten braucht. Wenn diese Dinge nicht griffbereit sind, wird der Alltag mühsam, eine ständige Fehlerquelle; Dinge werden vergessen, verlegt. Garderobe, Schlüsselbrett, Telefonkonsole, Schreibplatz – all das erleichtert das Leben und braucht einen Platz, den der Planer vorsehen muss.

Je mehr Menschen miteinander leben, umso anspruchsvoller die Aufgabe. »Entwirf so, dass es die Familie fördert und nicht behindert«, fordert Günter Hertel, »dass es die Mutter unterstützt und nicht stresst. Warum muss ein Kinderzimmer immer im Obergeschoss liegen, warum nicht neben der Küche? Die Wohnung sollte veränderbar, in der Nutzung flexibel sein, die Türen sollen in die richtige Richtung aufschlagen.« Und er stöhnt auf: »Das sind doch alles Banalitäten und Selbstverständlichkeiten, wenn man sich einmal wirklich in den Grundriss hineindenkt.« Vielleicht werden sie deswegen so oft außer Acht gelassen. Das ist freilich keine lässliche Sünde,

sondern provoziert in der Regel permanenten Stress und Streit, eine belastende Situation für alle Familienmitglieder mit allen Spätfolgen für die seelische Entwicklung von Kindern, wie die Psychologin Antje Flade berichtet:

»Ungünstige Wohnverhältnisse reduzieren die Sensibilität der Eltern gegenüber den Bedürfnissen und Wünschen der Kinder. Sie fördern stattdessen ein übermäßig kontrollierendes, strafendes Erziehungsverhalten.« Vor allem Platzmangel wirke sich negativ aus: »Personen in beengenden Situationen beginnen, Informationen auszublenden und sozialen Reizen weniger Aufmerksamkeit entgegenzubringen. Hohe Dichten ziehen eine erhöhte Daueraktivierung, eine subjektiv negative Befindlichkeit, Leistungsdefizite und gestörte soziale Beziehungen nach sich. Schwerwiegend ist insbesondere auch, dass sich beengte Wohnverhältnisse ungünstig auf die Sprachentwicklung im frühen Kindesalter auswirken.«

Gute Architekten sind Experten für den Alltag.

Natürlich, diese Beschreibung bezieht sich vor allem auf den sozialen Wohnungsbau. Aber sie zeigt eben auch, wie sehr die Architektur, unentrinnbar und folgenreich, das Leben darin prägt. Gute Architekten waren und sind daher Experten für den Alltag. Denselben Anspruch sollte ein Innenarchitekt erfüllen, findet Horst Seipp, Gründer zweier Möbelhäuser in Waldshut und Tiengen. Eine Kostprobe seiner Erkenntnisse: »Daunenkissen sind nichts für Ordentliche. Was andere kuschelig finden, wird der Ordentliche immer als verknautscht erleben und sich nicht wohlfühlen. Ich werde also auf jeden Fall vermeiden, ihm ein Sofa mit Daunenkissen zu verkaufen.« Oder einer zierlichen Frau einen Sessel, in dem sie versinkt. Oder einer Familie mit kleinen Kindern eine Küche mit hochglanzlackierten Fronten, Glastischchen fürs Wohnzimmer, hellgraue hochflorige Auslegware, cremeweiße Polsterstühle …

»Die Einrichtung muss den Lebensgewohnheiten entsprechen«, fordert Seipp. »Unsere wichtigste Aufgabe ist, den Kunden klarzumachen, dass sie ein Coaching brauchen. Die Entscheidung für ein Möbel ist schnell getroffen, aber ob es das Wohnproblem, das es ja offenbar gibt, auch tatsächlich löst, ist nicht gesagt. In unseren Geschäftsräumen laufen oft die gleichen Gespräche ab«, erzählt Seipp. »Zum Beispiel: ›Die Gäste sitzen so lange an unserem Esstisch, sie wollen sich einfach nicht in die Sitzecke setzen.‹ Meistens folgt dann noch der Kommentar: ›Meine Frau ist aber auch eine ausgezeichnete Köchin.‹ Ohne der Hausfrau zu nahe treten zu wollen – der Grund ist ein anderer: Die Anzahl der Sitzplätze stimmt nicht, wie bei der Reise nach Jerusalem. Nur wenn wir den Kunden helfen, die richtig dimensionierte Sitzgruppe auszuwählen, haben wir unsere Aufgabe angemessen erfüllt.«

Die Einrichtung kann durchaus die Kommunikation fördern, denn sie sendet Reize aus. In einem Zimmer, das üppig dekoriert ist, steigt das Erregungsniveau. Wenn man sich also aufmuntern oder die Kommunikation anregen möchte, kann die Dekoration dabei helfen. In einem Wohnzimmer, das lebendig und vielfältig eingerichtet ist, in dem allerlei Schnickschnack herumsteht, werden Gespräche in aller Regel lebhafter. Denselben Effekt kann man mit einer Kombination verschiedener Stile oder mit Stilbrüchen erzielen, natürlich auch mit kräftigen Farben oder einem Feuer im Kamin. Einrichtung kann Kommunikation allerdings auch verhindern. Jene coolen Wohnzimmer mit Leder und Chrom, die lange die Fotostrecken in Architekturbüchern dominierten, haben, so darf man vermuten, so manchen Gast frösteln lassen. Aber vielleicht sollte er auch einfach nicht so lange bleiben.

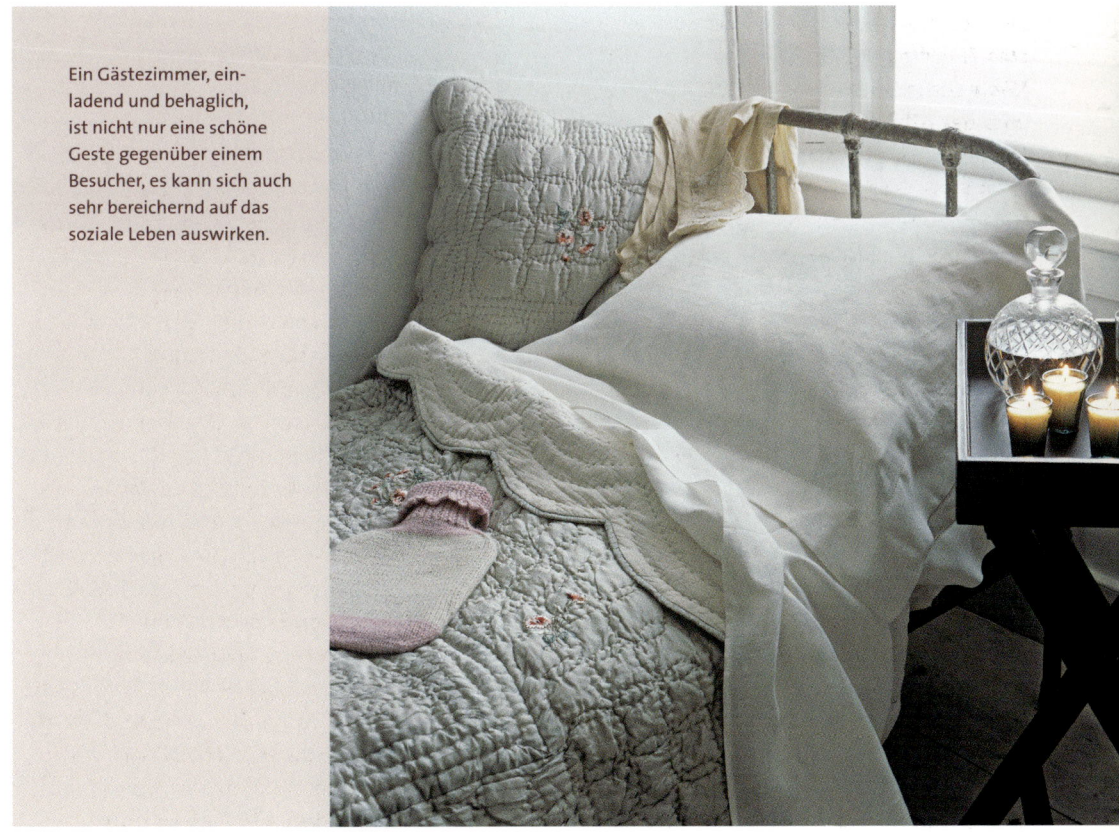

Ein Gästezimmer, einladend und behaglich, ist nicht nur eine schöne Geste gegenüber einem Besucher, es kann sich auch sehr bereichernd auf das soziale Leben auswirken.

Teil 2: Kommunikation

Der Grundriss eines Hauses prägt das Leben darin. Und wenn er gut funktioniert, dann können seine Bewohner viel entspannter miteinander umgehen. Welcher ist für Sie der richtige? Machen Sie den Test und antworten Sie wieder möglichst spontan auf die folgenden Fragen.

Zum Ausdrucken oder Herunterladen finden Sie den Test auch im Internet unter www.dva.de/wohntyp.

1. Sie sitzen im Wohnzimmer und surfen im Internet, es kommt ein Anruf für Ihren Partner, der jetzt im Wohnzimmer telefonieren möchte. Wie reagieren Sie?

1 Das geht nicht, mein Partner muss den Raum verlassen.
2 Wir haben eine Telefonanlage, sodass jeder in seinem Zimmer telefonieren kann.
3 Das kann doch eine sehr willkommene Abwechslung sein.
4 Das ist nicht so schlimm, wenn es mich stört, kann ich ja auch mal rausgehen.

2. Wie sollte Ihr Essplatz aussehen?

1 Ein großer Tisch mit viel Platz drum herum.
2 Der Esstisch sollte nahe der offenen Küche stehen.
3 Wir kochen und essen gern mit Freunden und Familie, da ist es schön, wenn der Esstisch mit in der großen Wohnküche steht.
4 Ich finde ein zum Wohnraum offenes Esszimmer schön, denn ich sitze nicht gerne in der Küche, jedenfalls nicht mit Gästen.

3. Wie sehr stört Sie Unordnung?

1 Unordnung lässt sich im Zusammenleben nicht vermeiden. Sie stört mich auch oft, aber ich räume den anderen schon mal was hinterher.
2 Ich lege großen Wert darauf, Ordnung zu halten, wünsche mir das auch von anderen.
3 Obwohl ich selbst unordentlich sein kann, stört mich die Unordnung der anderen sehr.
4 Mehr als die Unordnung der anderen stört mich, wenn ich der Einzige bin, der sie beseitigen muss.

4. Was ist für Sie im Eingangsbereich besonders wichtig?

1 Großzügigkeit und viel Schrankplatz.
2 Auch ein Flur soll für mich wohnlich sein, mit einer Bank, einer schönen Garderobe und hübsch tapeziert.
3 Keine langweiligen Garderobenhaken, aber angenehmes Licht.
4 Bei mir sollte man hinter dem Windfang direkt im großen Wohnraum stehen.

5. Stört Sie das Herumhantieren Ihrer Mitbewohner sehr?

1 Ja, ich reagiere darauf recht empfindlich.
2 Kreatives Geklapper beim Kochen und Musikmachen stört mich nicht, aber staubsaugen bitte, wenn ich nicht zu Hause bin.
3 Gar nicht.
4 Damit ich schnell wieder meine Ruhe habe, sorge ich für einen sinnvollen Ablauf.

6. Sie wollen ein paar Freunde zum Essen einladen. Wie gestalten Sie den Abend?

1 Ich koche alles fertig und serviere das komplette Essen, denn meine Küche ist alleine mein Reich.
2 Wichtig ist das gemeinsame Essen, nicht das Kochen – vielleicht lasse ich Sushi kommen.
3 Es geht mitunter ein wenig chaotisch zu, aber alle werden satt und amüsieren sich.
4 Wir kochen und essen am liebsten gemeinsam.

7. Welche Küche ist die richtige für Sie?

1 Eine gemütliche Wohnküche mit großem Tisch für Gesellschaft und Hilfe beim Kochen.
2 Eine offene Küche. Da kann ich beim Kochen auch fernsehen oder mit den Gästen plaudern.
3 Eine Küche, in der ich mich ohne Ablenkung auf das Kochen konzentrieren kann.
4 Eine Schiebetür zwischen Wohnraum und Küche ist das Ideal. Dann kann ich wählen, ob ich Ruhe haben möchte oder nicht.

Der große Wohntest

8. Was schätzen Sie mehr: Stellflächen oder Freiraum?

1 Ich brauche reichlich Stellfläche für meine Kleiderschränke und Regale mit all den schönen Dingen, die ich mag.
2 In den Individualräumen brauchen wir Platz für Regale und Schränke, der Gemeinschaftsbereich soll weitläufig und offen sein.
3 Es soll natürlich nicht beengt sein, aber wichtiger ist Platz für Schränke.
4 Ich liebe freie Flächen und freie Wände. Krimskrams kommt bei mir in die Abstellkammer oder den Keller.

9. Was muss Ihr Haus, Ihre Einrichtung aushalten können?

1 Ein Haus muss man strapazieren können. Ich schätze natürliche Oberflächen, die schön und wohnlich sind.
2 Ich mag ehrliche Materialien, Stahl, Beton, Holz, das hält eine Menge aus.
3 Die Oberflächen sollen zeitlos schön und pflegeleicht sein, denn Schrammen und Macken stören mich sehr. Wenn etwas empfindlich ist, muss man sich eben vorsehen.
4 Gebrausspuren und Patina machen ein Haus erst sympathisch und lebendig.

10. Sie diskutieren mit Freunden ein komplexes Thema. Welche Aussage passt zu Ihnen?

1 Können wir bitte bei den Fakten bleiben?
2 Aber deswegen muss man sich doch nicht gleich streiten.
3 Da habe ich neulich eine ganz verrückte Geschichte gehört …
4 Bei allem Respekt, aber ihr habt das Thema immer noch nicht ganz erfasst.

11. Wie sieht bei Ihnen eine Feier aus?

1 Alles drängt sich in der Wohnküche.
2 Essen, trinken, tanzen, gerade wie es kommt.
3 Einladung, Buffet, Geselligkeit.
4 Wenn ich schon mal feiere, muss es etwas Besonderes sein.

12. Welche Eigenschaft schätzen andere Menschen an Ihnen?

1 Fürsorglichkeit
2 Spontaneität
3 Verlässlichkeit
4 Eigenständigkeit

13. In Ihrer Straße planen die Nachbarn ein Straßenfest. Wie beteiligen Sie sich?

1 Ich bin im Festkomitee, organisiere und plane mit.
2 Nachbarschaftsfeste liegen mir nicht so, aber vielleicht gehe ich hin.
3 Mal sehen, vielleicht organisiere ich Karaoke.
4 Ich kümmere mich um Salate, Kuchen und Kinderspiele.

14. Wie möchten Sie in den Tag starten?

1 Indem jeder pünktlich ins Bad geht, frühstückt und das Haus verlässt.
2 Das ergibt sich, aber möglichst ohne Zeitdruck.
3 Ich mache das Frühstück und sorge dafür, dass alle gut aus dem Haus kommen.
4 Hauptsache, ich habe meine Ruhe.

15. Legen Sie Wert auf Stammplätze?

1 Nein, starre Regeln engen mich ein.
2 Eigentlich mag ich das, aber für andere möchte ich das nicht bestimmen.
3 Natürlich, Ordnung muss sein.
4 Ich habe einen Stammplatz, wo die anderen sitzen, ist mir egal.

Die Auswertung

Schauen Sie, welche Ziffer welchem Buchstaben entspricht, und zählen Sie, wie oft Sie einen Buchstaben angekreuzt haben. Je häufiger ein A, B, C oder D in der Auswertung auftaucht, umso stärker ist die Ausprägung Ihrer Art, mit anderen Menschen in Kontakt zu treten, für die dieser Buchstabe steht. Was sich dahinter verbirgt und wie Sie Ihr Wohnumfeld optimal auf Ihr Bedürfnis abstimmen können, lesen Sie auf den nächsten Seiten.

Antwort	1	2	3	4
1.	D	B	C	A
2.	D	C	A	B
3.	A	B	D	C
4.	B	A	C	D
5.	D	C	A	B
6.	B	D	C	A
7.	A	C	B	D
8.	A	C	B	D
9.	A	D	B	C
10.	B	A	C	D
11.	A	C	B	D
12.	A	C	B	D
13.	B	D	C	A
14.	B	C	A	D
15.	C	A	B	D

A. Der natürliche Typ
Familienmensch mit Harmoniebedürfnis

Sie sind am liebsten mir Ihrer Familie zusammen, deshalb brauchen Sie einen Platz für Gemeinsamkeit und Miteinander. Dafür eignet sich besonders gut die Wohnküche. Ein harmonisches Zusammenleben ist Ihnen besonders wichtig. Wenn Ihr Partner oder andere Familienmitglieder einen Film schauen oder sich mit Freunden unterhalten möchten, wollen Sie nicht stören. Deswegen kommt Ihnen eine Aufteilung in Wohnküche und Wohnzimmer sehr entgegen. Sie finden es schön, in die Nachbarschaft, die Familie und einen Freundeskreis eingebunden zu sein, Besuch zu haben und zu bewirten. Auch wenn Sie überschaubare Räume bevorzugen – dafür brauchen Sie ausreichend Platz, im Haus wie im Garten. Und es passt gut, dass Sie einen unkomplizierten, natürlichen Einrichtungsstil bevorzugen. Der hält einfach mehr aus. Es macht Ihnen Spaß, jede Ecke des Hauses zu gestalten. Sie versuchen dabei allerdings immer, die Wünsche und Ideen der übrigen Bewohner einzubeziehen. Doch übersehen Sie dabei leicht, dass es auch für Sie wichtig ist, eine Balance zwischen dem Trubel einer Gemeinschaft und selbst bestimmter Ruhe zu finden.

Unsere Tipps

► Da die Wohnküche der zentrale Raum des Lebens ist, sollte sie mindestens 16, darf aber auch gerne 20 Quadratmeter groß sein. Schön, wenn es eine direkte Verbindung in den Garten oder zur Terrasse gibt.
► Streit bedeutet für Sie sehr viel Stress, vielleicht sogar Unglück. In Familien lässt er sich nicht vermeiden, wenn mangels Platz Nähe erzwungen wird. Dem können

Sie vorbeugen mit ein paar Quadratmetern mehr, einem zusätzlichen Raum, einem Anbau.

► Achten Sie darauf, dass die Zimmer Ihres Hauses oder Ihrer Wohnung ähnlich groß sind und ihre Funktionen tauschen können. So können Sie die Zimmer kleiner Kinder in Ihrer Nähe haben und ihnen, wenn sie größer sind, weiter entfernte Zimmer geben, die nicht neben dem Schlaf- oder Arbeitszimmer liegen. Später können dann auch Räume zusammengelegt werden. Diese Flexibilität des Grundrisses erhöht auch den Marktwert der Immobilie.

► Der gesamte Grundriss sollte nicht zu offen gestaltet, sondern eher kleinteilig sein.

► Mithilfe einer flexiblen Möblierung können Sie verschiedene Funktionen in einem Raum gleichzeitig ermöglichen, zum Beispiel in einem Arbeits- und Gästezimmer.

► Sparen Sie nicht an den Flächen im Eingangsflur. Gerade in größeren Familien entsteht an dieser Stelle gerne Chaos.

► Ein zweites Bad wird Sie, sobald die Kinder älter sind, entlasten.

► Die Gestaltung der Wohnküche und des Wohnzimmers sollte dazu einladen, hier gemeinsam zu sitzen, zu essen, zu reden

Der liebevoll gedeckte Tisch im schön eingewachsenen Garten repräsentiert die gastfreundliche Ader des natürlichen Typs.

oder einfach zusammen zu sein. Achten Sie dabei auf strapazierfähige Materialien, zum Beispiel unempfindliche Polsterbezüge aus Leder.

► Auch wenn die Versuchung gerade bei Familien mit kleinen Kindern, die man im Blick haben möchte, groß ist: Überlegen Sie gut, ob Sie eine zum Wohnraum hin sichtbare offene Treppe haben wollen. Die Unruhe, die dadurch entsteht, könnte Sie über die Maßen belasten.

B. Der traditionelle Typ
Der klassische Grundriss ordnet das Leben.

Sie fühlen sich mit einem klassischen Grundriss wohl; Kochen, Essen, Fernsehen und Spielen finden in unterschiedlichen Räumen statt. Denn es fällt Ihnen nicht so leicht, sich auf ein Gespräch oder eine Aufgabe zu konzentrieren, wenn noch andere Tätigkeiten im selben Raum ausgeübt werden. Das Zentrum der Erwachsenen ist dabei klar das Wohnzimmer. Die Küche ist bei Ihnen dem Kochen vorbehalten und ein Raum, in dem höchstens morgens noch ein schnelles Frühstück eingenommen wird. Gerade wenn Gäste kommen, schätzen Sie es, wenn das normale Küchenchaos deren Blicken entzogen bleibt. Deswegen passt zu Ihnen also auch die Altbauvilla, in der die Räume häufig so aufgeteilt sind. Sie mögen es, wenn das Familienleben gut geordnet abläuft. Deswegen sind Funktionsräume wie ein Hauswirtschaftsraum, ein Vorraum in Keller, wo die Kinder ihre Gummistiefel ausziehen, und mehrere Bäder für Sie von großem Wert.

Unsere Tipps

► Planen Sie ein großzügiges Wohnzimmer mit genügend Sitzplätzen, denn ein Sammelsurium von zusammengesuchten Stühlen für eine größere Runde finden Sie schrecklich.

► Die Großzügigkeit können Sie noch unterstützen, wenn das Esszimmer zum Wohnzimmer zu öffnen ist.

► Dafür darf die Küche etwas kleiner sein, wenn sie als reine Arbeitsküche genutzt wird. Allerdings sollten auch hier zwei Personen gleichzeitig das Essen vorbereiten

Der traditionelle Typ schätzt die große Sitzgruppe. Ist das gemeinsame Essen mit den Freunden beendet, wechselt man hierher.

Der ungebundene Typ schätzt weniges mehr als den weiten Blick. Auf einer Dachterrasse wie dieser inszeniert er eine ungezwungene Atmosphäre.

können, etwa wenn Gäste erwartet werden.

► Damit kein Chaos von Mänteln, Jacken und Schuhen der Bewohner und Gäste entsteht, sollten Sie im Eingangsbereich hohe Einbauschränke oder eine separate Garderobe einplanen.

► Gerade bei Häusern, wie sie heute modern sind, werden Stellflächen oft vergessen. Achten Sie bei der Planung auf Wände, an denen eine Vitrine, ein Buffet oder ein Regal stehen kann.

► Vermeiden Sie auf jeden Fall eine zum Wohnraum hin offene Treppe, wählen Sie ein geschlossenes Treppenhaus.

► Ihr Sitzplatz im Garten sollte gut abgeschirmt sein und nicht zu nah an dem der Nachbarn liegen. Deren Geräuschkulisse könnte Ihren entspannten Nachmittag im Garten sonst leicht verderben.

► Da Sie sich gegen Umweltreize nicht so gut abschirmen können, achten Sie bei der Wahl des Wohngebiets auch auf den Lärmpegel der Umgebung.

► Verwenden Sie Materialien, die für ein quirliges Familienleben robust genug sind, aber trotzdem Behaglichkeit ausstrahlen.

► Auch wenn der Platz an anderer Stelle fehlen könnte: Gönnen Sie sich einen Rückzugsraum wie ein klassisches Arbeitszimmer oder eine kleine Bibliothek, wo Sie ganz für sich sein können.

C. Der ungebundene Typ
Offene Räume für reichlich Trubel

Sie mögen es sehr, wenn es einen großen Raum gibt, in dem gekocht, gegessen und gewohnt wird, und alle Bewohner und Gäste ein großzügiges gemeinsames Zentrum haben. Das gibt Ihnen das Gefühl, lebendig zu sein. Dabei kommt Ihnen die aktuelle Strömung der Architektur entgegen, die auf Offenheit setzt. Da Sie sich gegenüber Ablenkung relativ gut abschirmen können, ist es für Sie nicht unbedingt erforderlich, für alle Tätigkeiten separate Räume zu haben. Sie sind ausgesprochen gastfreundlich, haben sehr gerne Besuch und heißen auch die Freunde Ihrer Kinder stets willkommen. Wenn es zu eng wird, holen Sie Tischböcke aus dem Keller, legen ein Türblatt und eine weiße Tischdecke darauf, und fertig ist die Tafel. Bei

Ihnen geht es ungezwungen zu, Sie sind oft der schillernde und unterhaltsame Mittelpunkt der Gesellschaft. Ihre Persönlichkeit spiegelt sich in überraschenden Gestaltungselementen und einem unkonventionellem Stilmix wider. Der Kontakt zur Nachbarschaft gestaltet sich meist unkompliziert.

Unsere Tipps

► Bei der Entscheidung für ein Haus oder eine Wohnung neigen Sie mit Ihrer Entscheidungsfreude dazu, Ihre Familie und deren Bedürfnisse zu übergehen. Hören Sie ihr besser genau zu und lassen Sie ihr Zeit. Das entspannt das spätere Miteinander.

► Auch vergleichsweise kleine, preiswert zu bauende Häuser wirken mit einem offenen Grundriss großzügiger, als ihre Quadratmeterzahl vermuten lässt. Damit das Haus trotzdem gut nutzbar ist, kommt es aber auf eine besonders sorgfältige Planung des Stauraums und der Schrankflächen an.

► Sie können den großen Familienraum in verschiedene Bereiche aufteilen oder auf zwei Ebenen anlegen. Das schafft eine spannungsreiche Architektur und unterstützt vielfältige Nutzung.

► Achten Sie auf die Akustik. Gerade ein großer Raum kann Hall erzeugen, der den Familientrubel unangenehm verstärkt. Dagegen helfen Teppiche und Vorhänge.

► Sie haben Sinn für eine fantasievolle Gestaltung mit ungewöhnlichen Materialkontrasten und kräftigen Farben. Das wirkt durchaus belebend auf Gäste und Gesprächsrunden. Aber achten Sie auf das richtige Maß. Von einem Zuviel könnten sich weniger expressive Charaktere als Sie erdrückt fühlen.

► Wenn die Kinder heranwachsen, können es alle Beteiligten genießen, wenn die Rückzugsräume in Kinder- und Elterntrakt aufgeteilt sind, mit je eigenem Badezimmer. Das muss man freilich planen, wenn sie noch klein sind.

► Machen Sie sich intensiv Gedanken über die Position der Treppe. Sie schätzen es, wenn Ihr Haus großzügig wirkt und können sich daher gut mit der Geschosstreppe im Wohnraum anfreunden. Aber mögen Sie das auch noch, wenn Ihre pubertierenden Kinder eine Horde Freunde mitbringen?

► Wenn Ihr Partner nicht so gerne und so oft Besuch hat wie Sie, dann sollte er für sich einen großzügigen Rückzugsraum einplanen, etwa einen ausgebauten Dachraum, in dem dann auch nicht die Bügelwäsche und der Schrank mit den Wintermänteln stehen.

► Weil Sie gerne feiern (was Sie wahrscheinlich tun), ist ein freistehendes Einfamilienhaus die bessere Option als ein Reihenhaus oder eine Wohnung. Man weiß ja nie, wer nebenan wohnt oder einziehen wird.

D. Der rationale Typ
Eine Wohnhalle fürs große Tafeln

Was für Sie beim Thema Kommunikation besonders wichtig ist: Sie möchten selbst entscheiden, wann Sie Kontakt haben, wie intensiv er ist und wann Sie Ihre Ruhe brauchen. Das gilt sowohl für den Alltag mit Ihrer Familie als auch für den Umgang mit Freunden. Spontaner Besuch ist Ihnen ein Gräuel. Das bedeutet aber keineswegs, dass Sie Gästen nicht gerne ein aufmerksamer, interessierter und interessanter Gastgeber sein können. Bei Ihnen eingeladen zu sein, ist etwas Besonderes. Und dafür brauchen Sie einen großen, ja, überdimensionierten Esstisch in der Wohnhalle, wo getafelt und debattiert wird. Damit der Raum nichts an Großzügigkeit einbüßt, bevorzugen Sie eine offene Küche. Sie schätzen es aber durchaus, wenn jedes Mitglied Ihrer Familie seinen eigenen Bereich hat (gerne auch mit eigenem Bad). Das vermeidet erzwungene Nähe, die Sie gar nicht gut ertragen können.

Unsere Tipps

► Vergessen Sie über dem Wunsch nach Großzügigkeit nicht den Stauraum. Planen Sie Einbauschränke ein, die eine klare Struktur der Räume optisch unterstüzen, ein Ankleidezimmer oder begehbare Schränke.

▶ Auch eine separate Garderobe sorgt für Ordnung und Klarheit.

▶ Wenn Sie kein Freund von Schränken und Regalen in Wohnräumen sind, dann sollten Sie eine wirklich große Abstellkammer oder besser einen Keller haben, denn Sie haben womöglich mehr Sachen, als Sie sich eingestehen.

▶ Unterstützen Sie die Flexibilität Ihres Hauses mit der Möglichkeit, Räume aufzuteilen oder neu zu gliedern. Das ist bei Familienzuwachs oder wenn Sie das Haus verkaufen wollen von Vorteil.

▶ Eine Wohnhalle, wie Sie sie schätzen, vermittelt vielen Menschen nicht die Atmosphäre, die für sie zu einem schönen Abend gehört. Kommen Sie Ihrer Familien und Ihren Gästen doch entgegen, zum Beispiel mit einem Kamin, einer sanften Beleuchtung des Gartens oder Stühlen mit höheren Lehnen.

▶ Wenn es keine glatt verputzten Wände oder Sichtbeton sein sollen, finden Sie in neuen Hightech-Wandverkleidungen und -Bodenbelägen eine attraktive Alternative. Einige davon dämpfen zudem den Schall, was Ihrem Ruhebedürfnis entgegenkommt.

▶ Auch wenn sie sich geradezu aufdrängen: Eine Galerie über dem Wohnraum und ein offenes Treppenhaus sind nichts für Sie. Gegen die Unruhe, die mit ihnen verbunden ist, können Sie sich nicht abschirmen.

▶ Da Sie gelegentlich der Welt überdrüssig sind, sollte es ausreichend Rückzugsraum für die anderen Bewohner geben, denn Sie selbst weichen ungern.

Ein großer Tisch für die Tafel mit Freunden und viel Platz drumherum – der perfekte Ort für den rationalen Typ.

Intimität

Ich brauche Platz für mich!

Den Stress des Alltags loswerden, zur Ruhe kommen, regenerieren – wo, wenn nicht zu Hause, soll uns das gelingen? Ein Haus, das seinen Bewohnern Gutes tun soll, muss diesen Raum bieten. Für eine gelingende Persönlichkeitsentwicklung von Kindern ist das eigene Zimmer unverzichtbar. Für die gute Laune unter Partnern allerdings auch.

Für die Geschichte, die ich jetzt erzählen möchte, kann ich mich nicht verbürgen. Ich habe sie nicht selbst recherchiert und daher auch mit dem Bauherrn nicht gesprochen. Aber selbst wenn sie, der Zuspitzung halber, übertrieben wurde oder vielleicht sogar frei erfunden (was ich nicht unterstellen will) – nie habe ich das Bedürfnis nach einem Platz für sich ganz allein so pointiert in Architektur umgesetzt erlebt wie hier.

Berichtet wird die Geschichte von Franz Wansch in seinem Buch »Wohnen mit Körper, Geist und Seele«; sie handelt von einem prominenten und offenbar vermögenden Arzt, der sich, schreibt Wansch, »nacheinander vier Häuser in derselben Stadt bauen lassen musste, bevor er schließlich, einigermaßen zufrieden, so heimkommen konnte, wie er es sich wünschte. Wenn der Herr Professor heute nach Hause kommt, fährt er seinen Wagen über eine Auffahrt, wo ihn nicht einmal der Hund begrüßen kann, in die Garage. Von dort betritt er dann durch eine kleine Tür sein Zimmer. Bei seiner Ankunft will er niemanden sehen und von keinem gesehen werden. Er braucht eine halbe Stunde für sich, damit er seine Familie, die er liebt, nicht hassen muss. Er wüsste nicht, sagt er, wofür er ohne seine

Angehörigen leben sollte. Doch kann und will er sie erst sehen, nachdem er für sich selbst Zeit hatte. Nach einer halben Stunde, manchmal dauert es auch länger, verlässt er sein Zimmer durch eine weitere Tür. Er gelangt in einen Vorraum seines Hauses und von dort ins Wohnzimmer, wo er dann liebevoll seinen Kindern und seiner Frau zuhört, die ihm erzählen, was sie den Tag über erlebt haben. Vier Häuser hat es ihn gekostet, erzählt er verwundert, bis er diese für ihn einleuchtende Planung, den ungestörten Weg über die Garage, gegen das Kopfschütteln des Architekten und die vermeintliche Gekränktheit seiner Frau durchsetzte, bevor er irgendwo auf dieser Welt, zwischen Vorträgen im Ausland, Vorlesungen an den Universitäten, Stress in Operationssälen, der Privatpraxis und Patientenbesuchen so etwas wie Ruhe und Heimat fand.«

Ein spinnerter Professor, Eigenbrötler, Misanthrop? Ein Patriarch, ganz klar. Ist er so erfüllt von der eigenen Bedeutung, dass er sein Nachhausekommen so egomanisch inszeniert? Das mag sein, ich konnte ihn dazu, wie gesagt, nicht befragen. Aber ist es nicht faszinierend, wie konsequent hier einer sein ausreichend vorhandenes Geld dafür eingesetzt hat, um sich einen Ort des Rückzugs und der Ruhe zu schaffen? Man muss es sich ja nicht nur leisten können, sondern auch wollen! Natürlich hätten wir gerne erfahren, welche Mühen die Frau des Professors aufwenden musste, die Kinder darauf zu konditionieren, den berühmten Papa nach einer längeren Auslandsreise auch wirklich in Ruhe zu lassen. Ebenso, welches Ritual ihr beim Stressabbau geholfen hätte oder hat. Egal aber, welche Rituale wir auch immer brauchen (oder brauchen könnten) – ein Bad, eine Stunde auf dem Hometrainer, ein Nickerchen, die Lektüre der Zeitung oder eines Buches: Wir haben ein Recht darauf. Und brauchen dafür den richtigen Platz, wo wir die Tür hinter uns schließen und ganz für uns sein können. Der Partner oder die Kinder mögen das Egoismus schimpfen, und das ist es ja auch. Reiner Egoismus. Freilich einer, der den restlichen Mitbewohnern lieb und teuer sein sollte, denn nur so kommen sie anschließend in den Genuss eines zugewandten Menschen.

So stellt sich ein jeder das Idealbild des Familienlebens vor: Vater kommt von der Arbeit nach Hause und herzt erst einmal seine Lieben. Die Erfahrung lehrt, dass für dieses Ritual nicht alle Menschen geboren sind.

Das Klischee einer glücklichen Familie sieht natürlich vollkommen anders aus. Da kommen die berufstätigen Familienmitglieder nach Hause, ihre Augen beginnen ganz automatisch zu strahlen, sobald die Tür sich öffnet, der Partner und die Kinder mitsamt Hund sie umringen und sie übergangslos in Gespräch, Spiel oder Spaß hineinziehen. Manchen Menschen gelingt das, anderen weniger, manche wünschen sich, dass es ihnen gelänge, und andere haben für sich erkannt: Mit mir leider nicht. Das ist eben Ausdruck ihrer Persönlichkeit. Jeder aber kennt Situationen, in denen einzig und allein die geschlossene Tür zwischen sich und den anderen eine Eskalation verhindert. Und genau die muss es dann geben.

Paarkonflikte eskalieren, wenn man sich nicht aus dem Weg gehen kann.

Jeder, aber auch wirklich jeder, braucht einen Ort, an dem er ganz er selbst sein kann – auch wenn es vielen von uns gar nicht bewusst ist. Dass man hinter sich einfach mal die Tür zumachen und seine Ruhe haben kann, ist für den Stressabbau oder auch die Momente nach einem Streit mit dem Partner unverzichtbar. Viele Konflikte zwischen Partnern, wissen Paartherapeuten, eskalieren alleine deswegen, weil sich beide zu Hause nicht aus dem Weg gehen können. Ein Paar, das ein Haus baut oder kauft, ist zumeist euphorisch und kann (und will) sich gar nicht vorstellen, wie es wohl ist, wenn man vom anderen genervt ist, wenn der andere schnarcht, wenn man selbst eine schlechte Phase hat und lieber alleine sein möchte.

Gut aber, wenn das Haus oder die Wohnung auch dann ihre Qualitäten beweisen, indem sie jedem seinen ganz eigenen Platz bieten, wo er Abstand, Ruhe und Regeneration findet. Ein ausgewogenes Verhältnis zwischen dem Raum, der gemeinsam genutzt wird, und dem, der jedem alleine zur Verfügung steht, ist außerordentlich wichtig. »Privatheit ist eines

der wichtigsten Merkmale von Sich-zu-Hause-Fühlen«, sagt die Psychologin Rotraut Walden. »Jeder braucht seinen Rückzugsbereich, seinen Platz. Dominante Menschen nehmen mehr Platz in Anspruch – manchmal sogar den Platz des anderen.« Dieses Phänomen wurde von den amerikanischen Soziologen Foote und Cottrell untersucht. Ihre Erkenntnis: »Es gibt einen kritischen Punkt, über den hinaus der enge Kontakt mit einer anderen Person nicht mehr zum Anwachsen des Einfühlungsvermögens führt. Bis zu einem bestimmten Punkt verstärkt intimer Austausch die Fähigkeit, sich in andere einzufühlen. Wenn aber die anderen andauernd gegenwärtig sind, scheint der Organismus einen Schutzwiderstand gegen sie zu entwickeln.«

Das bleibt nicht ohne Folgen für die seelische und körperliche Gesundheit, wie die Psychologin Antje Flade beschreibt. »Krank macht eine Umgebung, der ich mich ausgesetzt fühle, ganz besonders gravierend sind beengte Wohnverhältnisse. Wenn ich mich

nicht abschirmen kann, wenn Konflikte nicht beendet werden können, indem ich meine Tür hinter mir schließe, dann führt das zu Dauerstress. Davon geht etwas Pathologisches aus.«

Mehr als hundert amerikanische Hausfrauen hatten ihre Argumentation schon 1956 bei einem wohnungsbaupolitischen Hearing vorweggenommen. Mit Nachdruck vertraten sie die Ansicht, dass viel weniger Mütter in psychiatrische Behandlung oder zum Scheidungsrichter gehen müssten, gäbe es in ihren Häusern wenigstens einen kleinen Raum, in dem sie »Ruhe und Frieden ohne Fernsehen und Radio« finden könnten (auf die Idee, den Medienterror immer mal mithilfe des »Aus«-Knopfs zu beenden, ist offenbar keine gekommen). Es ist kein Zufall, dass dieser Wunsch von Frauen vorgetragen wurde. Zum einen waren und sind sie immer noch in weit überwiegendem Maß für den Haushaltsbetrieb der Familien zuständig. Viele Männer erleben den alltäglichen Trubel ja nur in vergleichsweise homöopathischen Dosen. Zum anderen funktioniert bei vielen Frauen die Reizabschirmung, eine wichtige angeborene Dimension der Persönlichkeit, anders als bei vielen Männern.

Reizabschirmung: eine wichtige Dimension der Persönlichkeit

Albert Mehrabian zufolge teilt sich die Menschheit in »Nichtabschirmer« und »Abschirmer«. Die Nichtabschirmer, in größerer Anzahl Frauen, sehen, hören, riechen und spüren an jedem Ort, an dem sie sich aufhalten, mehr Reize gleichzeitig und gleichrangig. Damit erleben sie ihre Umwelt komplexer und reizstärker. Abschirmer dagegen, in größerer Zahl Männer, gehen bei dem, worauf sie reagieren, unbewusst selektiver vor. Sie konzentrieren sich stärker auf bestimmte Teile ihrer Umgebung und nehmen

Der große Raum, in dem gekocht, gegessen, gewohnt und womöglich auch noch gespielt wird, kann für Nichtabschirmer zur Qual werden. Erst recht, wenn glatte Flächen Lärm und Hall verstärken. Abschirmer dagegen können die Offenheit genießen.

anderes, was sie als weniger wichtig aussortiert haben, kaum oder gar nicht wahr.

Auf eine typische Familiensituation übertragen, heißt das: Abschirmer können inmitten des größten Frühstückstrubels genussvoll ihre Zeitung lesen, während Nichtabschirmer sich dafür ins ruhige Nebenzimmer verkrümeln müssen. Zugleich reagieren beide unterschiedlich darauf, wenn sich das Reizvolumen plötzlich ändert: In der Wohnung nebenan wird eine Tür mit lautem Knall zugeschlagen; der Nichtabschirmer fährt hoch, verschluckt sich an einem Brötchenkrümel und braucht relativ lange, bis sich sein Erregungsniveau normalisiert hat. Der Abschirmer wird stattdessen nur kurz die Zeitung sinken lassen und murmeln, dass die Nachbarn ihre Kinder besser erziehen sollen. Seine Erregung steigt nicht so stark, und sie normalisiert sich deutlich schneller. Kurz gefasst: Der Gefühlshaushalt von Nichtabschirmern ist deutlich feiner eingestellt. Aber das entspricht ja durchaus unserer Vorstellung, dass Frauen in der Regel sensibler auf ihre Umwelt reagieren.

Vollkommen klar ist, dass Nichtabschirmer an die Raumaufteilung ihres Zuhauses andere Forderungen stellen als Abschirmer. Damit ihr Körper nicht unter einem Sperrfeuer von Umweltreizen Magengeschwüre, Erschöpfungszustände oder Herzrhythmusstörungen entwickelt, brauchen sie Rückzugsräume. Und nach Möglichkeit nicht nur das Schlafzimmer, das für Erwachsene in vielen Einfamilienhäusern die einzige Ausweichmöglichkeit darstellt, wenn sie sich nicht im Wohnzimmer aufhalten wollen. Die Lösung könnte zum Beispiel »Schiebetür« heißen: die Möglichkeit, einen großzügig angelegten Wohnbereich unterteilen und ihn damit zur gleichen Zeit unterschiedlich nutzen zu können. Keine Frage, ein simples, geradezu banales Rezept, umso verblüffender, dass es in Neubauten so selten angewendet wird. Es wäre gewiss übertrieben, die große Beliebtheit klassischer Altbauten den damals üblichen Schiebe-

türen zuzuschreiben. Sie sind allerdings ein Indiz dafür, dass die Baumeister früher eher gemäß den Ur-Bedürfnissen ihrer Auftraggeber bauten. Heute werden die Grenzen zwischen den Räumen aufgelöst, fallen nicht nur die Wände zwischen Wohn-, Esszimmer und Küche, sondern immer häufiger auch die zum Treppenhaus und Obergeschoss. Die Galerie über dem Wohnbereich, Inbild von Offenheit und Modernität, nimmt dem Wohnen freilich den letzten Rest Privatheit – wahrlich nicht für jeden die richtige Wahl.

»Gewiss kann der offene Grundriss Innenräume von großem visuellem Reiz schaffen, aber für diese Attraktivität muss ein Preis entrichtet werden«, schreibt Witold Rybczynski sehr treffend. »Nicht nur der Raum fließt, sondern mit ihm auch Licht und Töne – man muss schon bis ins Mittelalter zurückkehren, um Häuser zu finden, die ihren Bewohnern ähnlich wenig private Rückzugsräume boten wie moderne Häuser mit offenem Grundriss.« Für manchen, etwa den ungebundenen Typ, ist das gar kein Problem, sondern im Gegenteil eine Bereicherung. Er langweilt sich schnell und mag es deswegen sehr, in Sicht- und Hörkontakt mit den anderen zu sein. Der rationale Typ freilich kann das nur schlecht ertragen. Und so stellen wir mal wieder fest, dass nicht jede Mode der Architektur auch tatsächlich jedem guttut, der ihr unversehens ausgesetzt wird.

Das eigene Kinderzimmer fördert für ein ganzes Leben.

Immerhin steht das Kinderzimmer nicht zur Disposition. Eine beruhigende Tatsache, denn längst besteht Konsens in der Forschung, wie positiv ein eigenes Zimmer die Entwicklung von Kindern befördert. In den ersten drei Lebensjahren verbringen sie 80 bis 90 Prozent ihrer wachen Zeit damit, sich mit Gegenständen ihrer Umwelt zu befassen. Durchs Spielen erwerben sie die Fähigkeit, sich selbstbestimmt mit ihr auseinanderzusetzen, auf die Anforderungen der Umwelt zu reagieren, sie sich aktiv anzueignen. Entwicklungsfördernd sind dabei, schreibt Antje Flade in »Wohnen psychologisch betrachtet«:

- Bewegungsfreiheit,
- Möglichkeiten, die Umwelt zu erkunden,
- Reichtum von Anregungen, Spielzeug und Bücher,
- ein eigener Raum,
- ein festes Zeitmuster.

Ungünstig wirken sich aus:
- ein hoher Lärmpegel,
- beengte Wohnverhältnisse,
- ein Übermaß an Stimulation,
- die Einschränkung des Erkundungsverhaltens.

Lärm verzögere die Sprachentwicklung, berichtet Flade, und reduziere die Lesekompetenz; Lern- und Informationsverarbeitungsprozesse würden erschwert. Und wie kann ein Kind dem Lärm, dem Übermaß an Reizen und Eindrücken entkommen? Indem es sich in sein Zimmer zurückzieht, in die Höhle unterm Tisch oder Hochbett.

Je älter Kinder werden, umso größer wird ihr Bedürfnis nach Autonomie. Das erfordert nicht nur ein eigenes Zimmer, sondern besser noch die größtmögliche Entfernung von den Räumen der Eltern. Die Bude eines Jugendlichen neben der Küche oder dem Elternschlafzimmer? Bloß nicht! Spätestens in der Pubertät rächt es sich auch, wenn die Kinderzimmer durch die Galerie über der Wohnhalle erschlossen sind und die Freunde oder die neue Freundin über die zum Wohnbereich offene Treppe poltern müssen.

Segensreich ist hingegen die Flexibilität vieler Altbauten, die wir auch deswegen heute so schätzen, weil sie eine Reihe gleichrangiger Zimmer bieten, die sich als Ess-, Schlaf- oder Arbeitsraum genauso eignen wie als Kinderzimmer. Damit gewährleisteten die Architekten früherer Zeiten wie selbstverständlich jene Variabilität, die viele der Nachkriegsbauten bis in die achtziger Jahre vollkommen vermissen lassen. Mit repräsentativen Wohnzimmern, großen Elternschlafräumen und winzigen Kinderzimmern gehen sie mit den Familienmitgliedern nicht nur ziemlich ungerecht um, sie lassen zugleich auch nur eine Art der Nutzung zu. Ein eigenes Zimmer für jedes Familienmitglied? Ein Tausch von Zimmern, damit Eltern und Jugendliche sich besser aus dem Weg gehen, mehr Wände als Schallschutz zwischen sich bringen können? Pustekuchen!

Bemerkenswert ist, wie groß die Bedeutung des eigenen Zimmers für Jugendliche eingeschätzt wird. In einer Befragung des finnischen Umweltpsychologen Kalevi Korpela (zitiert nach Flade) war es für die meisten ihr Lieblingsplatz. Es bietet ihnen
- Identität,
- das Gefühl, geschützt und zu Hause zu sein,
- die Möglichkeit des Alleinseins,
- die Möglichkeit, ungestört persönliche Probleme lösen und mit sich ins Reine zu kommen,
- die Freiheit zu tun und lassen, was man will,
- einen Umweltbereich, den man eigenständig gestalten und verändern kann.

»Eine Frau muss Geld und ein eigenes Zimmer haben.«

Das sind ja Selbstverständlichkeiten. Umso verblüffender, dass viele von uns sie als Erwachsene nicht für sich in Anspruch nehmen. Natürlich, mehr Platz, mehr Zimmer kosten mehr Geld. Und das war selbst für die Architektin Gisela Humpert, Spezialistin für familiengerechtes Bauen und Wohnen, die Grundlage für einen faulen Kompromiss. Gemeinsam mit ihrem Mann hatte sie eine ganze Siedlung geplant, in der auch ihre Familie ein Haus bezog. »Wir haben aus Kostengründen auf einen Keller verzichtet«, erzählte sie mir vor einigen Jahren im Interview. »Den vermisst mein Mann, der leidenschaftlicher Sammler und

Horter ist, jetzt sehr. Er muss seine Sachen im Keller seines Büros lagern. Und ich habe heute in dem Zimmer, das eigentlich mein Rückzugsraum sein sollte, mein Büro. Na ja, selbst schuld. Ich predige meinen Baufamilien ja immer, dass man seine Wohnbedürfnisse ernst nehmen soll. Hätten wir eben besser auf unsere eigenen Ratschläge hören sollen.«

Andererseits – wozu eigentlich der ganze Aufstand? Sind die Menschen früher nicht wunderbar mit viel weniger Platz und Rückzugsraum ausgekommen? Leben die Menschen anderer Kulturkreise nicht immer noch ganz selbstverständlich so? Ist der Wunsch nach mehr Platz und möglichst vielen Zimmern nicht einfach der Drang nach Repräsentation? Nein, das ist er nicht. Dieser Wunsch hat zum einen eine kulturelle Dimension, wie Antje Flade betont: »Ein Raum für sich allein ist in einer Gesellschaft, in der die Individualität so hoch gehoben wird wie

Für die Persönlichkeitsentwicklung von Kindern ist ein Rückzugsort entscheidend wichtig. Wenn sich zwei Geschwister ein Zimmer teilen müssen, sollten sie mindestens einen eigenen Bereich haben, dessen Grenzen alle respektieren.

in unserer, sehr wichtig.« Er ist gleichsam eine Voraussetzung sozialer Anerkennung. Lapidar hat das einst Virginia Woolf in ihrem berühmten Essay aus dem Jahr 1929 »A Room of One's Own« zum Ausdruck gebracht. Er beginnt mit dem Satz: »Ich kann Ihnen lediglich eine Meinung zu einer Nebensache anbieten – eine Frau muss Geld und ein eigenes Zimmer haben, um schreiben zu können.« Die Nebensache erweist sich im Verlauf des Textes aber doch als ziemlich bedeutend, denn die Anerkennung der Frau als Subjekt manifestiert sich im eigenen Rückzugsraum. Zugleich entsteht hier ihr ganz persönlicher Freiraum für Kreativität.

Der Zusammenhang von Selbstbewusstsein und Einrichtung ist stark.

Ich habe es eingangs schon erwähnt: Der Zusammenhang zwischen Selbstbewusstsein und Einrichtung ist stark, so wie der Zusammenhang zwischen Selbstbewusstsein und Kleidung; die Möglichkeit, im selbst gestalteten Raum eine Erweiterung unseres Selbst zu schaffen, stärkt unsere Persönlichkeit. Indem wir uns einen Raum aneignen, schaffen wir Symbole für unseren Selbstwert mit Wirkung nach außen, Symbole der Identität. Wie können sie aussehen? So nach unseren Bedürfnissen gestaltet wie das Haus oder die Wohnung als Ganzes – nur noch konsequenter: als Höhle, Klosterzelle oder Freisitz, karg bis zur Askese oder überbordend dekoriert. Alles, was nicht konsensfähig war bei der Einrichtung der gemeinsamen Räume, kann hier seinen Platz finden: die Sammlung der Feuerwehrautos, die Devotionalien des Lieblingsvereins, das Heer von Kuscheltieren oder die Galerie der Kinderbilder aus allen Phasen der Entwicklung. Das mag dem Partner einige Toleranz abfordern, aber die sollte er aufbringen. Wie schreibt Alain de Botton: »Den psychologischen Mechanismus zu verstehen, der unserem Geschmack zugrunde liegt, vermag zwar unseren Sinn für das nicht zu ändern, was wir schön finden, doch könnten wir davor

bewahrt werden, auf Werke, die uns missfallen, mit schlichter Abwehr zu reagieren. Wir könnten uns vorstellen, dass ein weiß verputztes, klar überschaubares Loft, das uns sträflich aufgeräumt erscheint, ein Zuhause für jemand ist, der über Gebühr unter drohender Anarchie zu leiden droht (...), so wie wir auch annehmen könnten, dass (...) kinderbunt gestrichene Wände eine Saite gerade in bürokratischen und phantasielosen Menschen anschlagen.« Auf das Zimmer des Partners bezogen bedeutet das: Wir müssen nicht mögen, was er da anstellt, aber wir sollten zugestehen, dass es ihm guttut. Und können für uns dieselbe Großmut einfordern.

Ein solcher eigener Raum hat durchaus therapeutische Qualitäten. Wenn wir sehr angespannt und nervös sind, können wir ihn reizärmer machen – indem wir eine einfarbige Decke aufs gemusterte Sofa legen, die bunten Kissen wegräumen, vielleicht sogar die Bilder abhängen. Das Licht spielt eine wichtige Rolle. Wenn man anstatt einer allgemeinen Helligkeit nun Lichtinseln schafft, hat auch das eine beruhigende Wirkung. Auch können wir mit der Gestaltung die Kreativität fördern, indem wir aufräumen und alles aus dem Blick verbannen, was die Gedanken abschweifen lässt. Das kann auch ein Bild sein, das dort schon seit zehn Jahren hängt. Denn auch wenn wir es eigentlich nicht mehr wahrnehmen – das Unterbewusstsein reagiert trotzdem darauf. Das ist ja das Erstaunliche an Räumen. Wir nehmen sie nach Jahren kaum mehr wahr, aber sie prägen das Lebensgefühl dennoch auf ganz entscheidende Weise.

Und so wird sich auch die Erleichterung, die ein ganz persönlicher, von allen akzeptierter Rückzugsraum verschafft, vielleicht erst mit den Jahren zeigen. Dadurch, zum Beispiel, dass etwas nicht eintritt: permanenter Streit, Überforderung, Burn out, Zerwürfnis. Das ist dann natürlich nicht allein das Verdienst des Hauses oder der Wohnung, aber sie haben einen wichtigen Anteil daran. In den Bildern vom Glück in den eigenen vier Wänden, die wir alle mit uns herumtragen, ist all das gar nicht vorgesehen und, zumal mit dem Einsetzen des Nestbautriebs nach der Familiengründung, sogar ein Schreckgespenst. »Was, wir sollen uns auf Streit und Nerv einstellen? Wir werden uns doch gar nicht streiten und nerven!« Was euphorisierte Paare beim Sturm auf das glückliche Heim so alles behaupten. Wie sagt der Hamburger Architekt Lutz Siebertz: »Erfahrene Wohner bauen die besseren Häuser.« Sie wissen eben schon um den Segen einer zu schließenden Tür.

Der eigene Waschplatz, von raffiniertem Purismus, kann auch helfen, den Geist zu reinigen. Denn der Rückzug und die Konzentration aufs Eigene entlasten, beruhigen, entspannen.

Teil 3: Intimität ←-----------------------------

Ob eine kuschelige Höhle oder das großzügige Studio unterm Dach der richtige Ort für
Rückzug und Intimität ist, hängt von der Persönlichkeit ab. Was passt zu Ihnen? Wählen Sie
aus den Antworten auf die Fragen, die wir Ihnen jetzt stellen, wieder möglichst spontan.

Zum Ausdrucken oder Herunterladen finden Sie den Test auch im Internet unter www.dva.de/wohntyp.

1. Wünschen Sie sich ein eigenes Zimmer?

1 Eigentlich nicht. Ich bin immer gerne mit anderen zusammen.

2 Ja, damit ich mich dort ausleben kann.

3 Ja, etwa um zu arbeiten oder meinen Hobbys nachzugehen.

4 Ich sitze am liebsten im Wohnzimmer, weil dort alles ist, was ich zum Entspannen brauche. Dort bin ich allerdings auch gerne mal für mich.

2. Sie wollen einen Brief an einen guten Freund schreiben.

1 Ich nutze die Gelegenheit, wenn sie sich ergibt.

2 Das ist nicht ganz einfach, weil ich mich dafür aus dem Familientrubel zurückziehen muss.

3 Am Abend, wenn die anderen im Bett sind und keiner meine Gedanken stört.

4 Das plane ich in meinen Tagesablauf ein und sorge dafür, dass ich dabei meine Ruhe habe.

3. Sie kommen gestresst von der Arbeit und möchten wieder ins Lot kommen. Wie gelingt es Ihnen?

1 Ich nehme mir einen Drink und lasse mich ablenken.

2 Ich lasse erst mal Dampf ab, dann geht's mir besser.

3 Das geht am besten, wenn ich die Nähe meiner Lieben spüre.

4 Ich muss auf jeden Fall erst einmal für mich sein.

4. Wo hängt Ihr Lieblingsbild?

1 Ich hänge es dorthin, wo es am besten zur Geltung kommt.

2 Kann ich nicht entscheiden, das hing schon an so vielen Plätzen.

3 Über meinem Arbeitsplatz.

4 Eins im Schlafzimmer, eins im Wohnzimmer.

5. Was ist für Sie der Inbegriff von »sich zu Hause fühlen«?

1 Mich entspannen zu können.

2 Eine vertraute Umgebung.

3 Ein harmonisches Familienleben und ein paar Erinnerungsstücke.

4 Niemandem Rechenschaft ablegen zu müssen.

6. Was verursacht Ihnen Stress?

1 Zeitdruck

2 Streit und Spannungen

3 Erzwungene Nähe, Smalltalk

4 Chaos

7. Sie möchten dem Alltag entfliehen. Was reizt Sie am meisten?

1 Ein Wellness-Wochenende mit der Freundin oder dem Freund.

2 Ein paar Tage in einem abgeschiedenen Kloster.

3 Hauptsache neu, Hauptsache ungewöhnlich.

4 Ein Kurs in Astrologie oder eine archäologische Expedition.

8. Eine große Familienfeier steht an. Geplant ist ein gemeinsames Wochenende auf einem Landgut. Wie werden Sie das Fest für sich gestalten?

1 Wenn alles gut organisiert ist, dann kann ich es sehr genießen.

2 Ich genieße das Zusammensein mit der Familie, solange es keine Streitigkeiten gibt.

3 Augen zu und durch.

4 Ich liebe Feste, gutes Essen und Gespräche.

9. Stellen Sie sich vor, Sie erben ein Haus, das Sie gerne mit Ihrer Familie bewohnen wollen. Leider hat es eigentlich ein Zimmer zu wenig. Was tun Sie?

1 Ich kann mit meinem Hobby- oder Arbeitsraum auch in den Keller ziehen.

2 Ich stelle mein Zimmer als Gästezimmer zur Verfügung.

3 Ich würde nur einziehen, wenn man anbauen oder das Dach ausbauen kann.

4 Ich würde Durchbrüche machen und die Fenster vergrößern, damit es offen und großzügig wirkt.

10. Was verbinden Sie mit Behaglichkeit?

1 Privatheit, Stil, Ordnung.

2 Frische Farben, Helligkeit, Geselligkeit.

3 Rohes Holz, Stein, Raum, Klarheit.

4 Weiche Stoffe, warme Farbtöne, Gemütlichkeit.

11. Wer gestaltet Ihre Räume?

1 Bei der Gestaltung diskutiere ich gern mit meinem Partner, wir wollen uns schließlich beide verwirklichen.

2 Ich würde es nicht gestalten nennen, ich plane.

3 Ich gestalte gern alles. Aber ich versuche, die Wünsche der anderen zu integrieren.

4 Ich muss nicht unbedingt alles selbst gestalten, aber ich muss mit allem einverstanden sein.

12. Sammeln Sie gerne?

1 Ja, weil ich mit vielen Dingen schöne Erinnerungen verbinde und sie mir ein Gefühl von zu Hause vermitteln.

2 Es sammeln sich Dinge an, aber ich schmeiße immer wieder vieles weg.

3 Ich sammle nicht, bin aber immer wieder überrascht, woran mein Herz sich hängt.

4 Ja, ich sammle gerne und trenne mich schwer von Dingen, weil sie ja auch Werte und Tradition darstellen.

13. Wie gehen Sie vor, wenn Sie Ihren eigenen Raum dekorieren?

1 Ich dekoriere nicht. Ich stelle einfach die richtigen Dinge an den richtigen Platz.

2 Hier ist der perfekte Platz, um meine Sammlung optimal zu präsentieren.

3 Ich versammle meine Lieblingsstücke um mich und gönne mir immer mal etwas Schönes und Dekoratives.

4 Hier lasse ich meiner Kreativität und Lust am Gestalten freien Lauf.

14. Welchen Platz suchen Sie auf, wenn Sie sich mit Ihrem Partner gestritten haben?

1 Ich bleibe da, wo ich bin, und erwarte, dass mein Partner geht.

2 Einen Platz, wo ich auf jeden Fall in Ruhe gelassen werde.

3 Ich bleibe da, damit wir uns möglichst bald wieder vertragen können.

4 Ich ziehe mich zurück, aber meist nicht lange.

15. Was für einen Arbeitsplatz im Haus stellen Sie sich vor?

1 Wenn ich mal zu Hause arbeite, dann mit dem Laptop am Esstisch.

2 Ich brauche keinen Arbeitsplatz, ich suche mir einen freien Platz.

3 Ein klassisches Arbeitszimmer.

4 Ein Sekretär oder Schreibtisch in einer kleinen Ecke reicht mir.

Die Auswertung

Überprüfen Sie, welche Ziffer welchem Buchstaben entspricht, und zählen Sie, wie oft Sie einen Buchstaben angekreuzt haben. Je häufiger ein A, B, C oder D in der Auswertung auftaucht, umso stärker ist die Art, wie Sie zur Ruhe kommen wollen, für die dieser Buchstabe steht. Was sich dahinter verbirgt und wie Sie Ihr Wohnumfeld optimal auf Ihr Bedürfnis abstimmen können, lesen Sie auf den nächsten Seiten.

Antwort	1	2	3	4
1.	A	C	B	D
2.	C	A	D	B
3.	C	B	A	D
4.	D	C	B	A
5.	C	B	A	D
6.	C	A	D	B
7.	A	D	C	B
8.	B	A	D	C
9.	B	A	D	C
10.	B	C	D	A
11.	C	B	A	D
12.	A	C	D	B
13.	D	B	A	C
14.	D	B	A	C
15.	D	C	B	A

A. Der natürliche Typ
Ein Schutzraum gegen Überforderung

Sie lieben es, inmitten Ihrer Familie zu sein, und haben nur selten das Bedürfnis, sich zurückzuziehen. Sie sind eigentlich jederzeit für alle da. Aber gerade, weil sie gerne viel Zeit mit Ihren Mitmenschen verbringen, fühlen Sie sich gelegentlich ausgelaugt. Deshalb brauchen Sie einen Raum, der gar nicht groß sein muss, aber ausschließlich Ihr eigener ist. Hier können Sie sich mit Ihren ganz persönlichen Fundstücken umgeben – Dingen, die Sie am Strand, im Wald oder bei einem Trödler auf Ihrer letzten Urlaubsreise gefunden haben. Sie gestalten ja ausgesprochen gern und mit Liebe zum Detail. Hier finden Sie die nötige Ruhe und Entspannung und kommen zu sich selbst. So entwickeln Sie eine innige Beziehung zu dem Raum, den Sie gestaltet haben, entwickeln ein Gefühl, sich wahrhaft zu Hause zu fühlen, und trennen sich sehr ungern. So geht es Ihnen auch mit vielen Dingen, Erinnerungsstücken und Bildern, die Sie liebgewonnen haben.

Unsere Tipps

► Auch wenn es Ihnen in der Euphorie der Hausplanung, des Haus- oder Wohnungskaufs unwahrscheinlich vorkommt, sich jemals zurückziehen zu wollen (oder zu müssen): Planen Sie Ihr eigenes Zimmer ein. Das ist kein überzogener Egoismus. Es reichen ja wenige Quadratmeter, die Sie für sich abzweigen. Sonst kann es bei Ihrem ausgeprägten Verantwortungsbewusstsein leicht zu Überforderung kommen.
► Ihr Raum sollte gut gegen Schall gedämmt sein. Solange Sie die anderen hören können, fällt es Ihnen schwer abzuschalten.
► Verwenden Sie satte, wohnliche Farben. Mit coolen Pastelltönen tun Sie sich keinen

Gefallen. Auch die Materialien sollten viel Wärme und Gemütlichkeit ausstrahlen. Teppiche aus Naturmaterialien, Kork- oder Holzböden, Struktur-Tapeten oder Vorhänge können dazu beitragen.

► Besonders im Schlafzimmer haben Sie es gern kuschelig. Ein Baldachin über dem Bett kann diese Wirkung gut unterstützen.

► Sorgen Sie dafür, dass es ausreichend Stauraum für Erb- und Erinnerungsstücke,

Strohsterne für den Weihnachtsbaum und selbst bemalte Ostereier gibt, zum Beispiel im Keller oder in einer Abseite unter dem Dach.

► Gestalten Sie Ihr Bad besonders behaglich, damit Sie dort besondere Wohlfühl-Momente erleben können.

► Ein geschützter, romantisch eingewachsener Sitzplatz im Garten kann für Sie eine echte Oase der Ruhe werden.

Der natürliche Typ liebt so ein gemütliches, kunterbuntes Miteinander von Büchern, Kissen, Bildern und anderen Erinnerungsstücken.

B. Der traditionelle Typ
Der richtige Platz für die Sammlung

Bei aller Bescheidenheit und Sparsamkeit, die Sie auszeichnen: Sie wissen, dass es Ihnen guttut, wenn Sie sich von Zeit zu Zeit zurückziehen. So gerne Sie sich mit Menschen umgeben, brauchen Sie auch die Möglichkeit, in Ihr Arbeitszimmer oder Ihren Hobbyraum zu gehen und die Tür hinter sich zu schließen. In diesem Raum ist Ihnen die Funktion mindestens so wichtig wie die Gestaltung.

Ordnung und Sauberkeit spielen dabei für Sie eine große Rolle. In Ihrem Zimmer können Sie sich ganz Ihrem persönlichen Ordnungssinn hingeben und ganz so, wie es Ihnen entspricht, zum Beispiel eine Sammlung aufbewahren oder präsentieren. Ihre Stärken sind Zuverlässigkeit und Beständigkeit, und deswegen wird bei Ihnen nicht dauernd verändert und umgebaut. Wenn doch ein Umbau ansteht, planen Sie ihn mit großem Vorlauf und der Ihnen eigenen Perfektion.

Klar und sortiert mag es der traditionelle Typ. Für sein Hobby zieht er sich gerne zurück, hier zum Einstudieren von Etüden und Sonaten.

Unsere Tipps

► Sie sollten sich unbedingt ein Zimmer für sich allein gönnen. Dieser Raum sollte mindestens 12 Quadratmeter groß sein. Es unterstützt Sie, wenn er schallgedämmt ist oder weit entfernt vom Familientrubel.

► Sie brauchen zwar Ordnung und Sauberkeit um sich, aber Ihr Zuhause soll natürlich nicht steril wirken, sondern Häuslichkeit und Atmosphäre ausstrahlen. Achten Sie daher auf die Wahl der richtigen Materialien: Bodenfliesen in warmen Farben, Linoleum oder lackiertes Parkett.

► Wählen Sie leichte, abgedämpfte Farben, an denen Sie sich nicht so leicht sattsehen. Als langfristigem Planer wird Ihnen das entgegenkommen.

► Wählen Sie geschlossene Möbel, dann vermeiden Sie einstaubende Regalfächer oder unordentliche Garderoben.

► Sie haben Freude daran, wenn alles aufeinander abgestimmt ist. Hölzer aus einer Familie, Farben, die harmonieren. Vertrauen Sie trotzdem nicht zu sehr auf Lösungen von der Stange. Solche Gesamtlösungen wirken im Laden oft stimmig, aber Ihre ganz persönlichen Bedürfnisse könnten nicht ausreichend berücksichtigt sein.

► Große Freude können Sie an maßgefertigten Möbeln haben, die perfekt eingepasst sind, wo jedes Ding seinen Platz hat.

► Hängt der Haussegen schief, brauchen Sie eine Ausweichmöglichkeit, um dort zu schlafen. Das Bett im Gästezimmer oder ein Ausziehsofa sind dafür ausreichend.

Einen schönen Ausblick schätzen die meisten Menschen, aber für den ungebundenen Typ ist er praktisch unverzichtbar.

C. Der ungebundene Typ
Der Ausblick ist das Wichtigste.

Wenn Sie sich zurückziehen wollen, finden Sie es schön, die anderen im Haus oder in der Wohnung trotzdem noch wahrzunehmen. Sie haben nicht unbedingt das Bedürfnis, sich komplett abzuschotten, denn dann wird Ihnen schnell langweilig. Sie sind ja sogar in der Lage, sich innerhalb einer Gruppe zurückzuziehen oder sich auf eine Arbeit zu konzentrieren, ohne sich von den Gesprächen der anderen stören zu lassen. Ihr Rückzugsbereich muss deshalb nicht unbedingt Ihr ganz persönliches Zimmer, sondern kann auch die Galerie über dem offenen Wohnraum sein. Wichtig allerdings sind viel Platz und ein schöner Ausblick. Bei der Gestaltung sind Ihnen Helligkeit und Wärme besonders wichtig. Aber Sie brauchen auch eine gewisse Spannung, vielleicht eine Verrücktheit, die Ihre Sinne anregt und bei Gästen die Geister scheidet. Sie haben nicht den Anspruch, alles selbst oder alleine gestalten zu müssen, sondern legen sogar viel Wert auf den Austausch mit anderen und sind zu Kompromissen bereit.

Unsere Tipps

► Ein eigenes Zimmer hat für Sie einen ganz entscheidenden Vorteil: Hier können Sie Ihre kreative Unruhe, Ihr Bedürfnis nach Veränderung ungehemmt ausleben.

► Auch wenn Sie ein Hobby haben, gerne malen, schneidern oder Schmuck entwerfen, sollten Sie dafür ein eigenes Zimmer reservieren – nicht zu klein und bestimmt nicht im Keller.

► Sie pflegen einen unkomplizierten, pragmatischen Umgang mit Dingen. Wählen Sie deswegen nicht zu empfindliche und pflegeintensive Möbel und Bodenbeläge.

► Gestalten Sie mutig mit Gegensätzen. Sie können gut damit umgehen! Sei es mit einem individuell abgestimmten Mix aus Alt und Neu bei der Auswahl der Möbel oder einer Farbgestaltung aus hellen Tönen mit kräftigen Akzenten.

► Haben Sie Nachsicht mit Ihrem Partner, wenn er ein geliebtes, in Ihren Augen langweiliges Möbel nicht weggeben möchte. Nicht alle können sich so gut von Ballast trennen wie Sie.

► Entspannung hat für Sie eine große Bedeutung. So ist das Badezimmer für Sie ein wichtiger Platz zum Wohlfühlen, wo Sie gerne ein ungestörtes Bad nehmen wollen. Planen Sie also ein zweites Bad ein, falls Sie mit mehr als zwei Personen im Haus leben.

► Auch, wenn Sie nicht ganz der ordentliche Typ sind, sollte das Schlafzimmer gemütlich und einladend wirken können. Dabei hilft ein Ankleidezimmer.

D. Der rationale Typ
Viel Platz, keine Kompromisse

Wenn für andere Menschen der ganz private Bereich das eigene Zimmer ist, beginnt Ihrer gleich hinter der Eingangstür. Wenn Sie Ihre Ruhe brauchen, dann beanspruchen Sie das Wohnzimmer, die Küche oder einen anderen Raum, der eigentlich ein Familienraum ist, für sich alleine. Die anderen sollen Sie dann einfach mal in Ruhe lassen und sich woanders aufhalten. Diese Möglichkeit sollte Ihre Wohnung oder Ihr Haus aber auch bieten, denn sonst würden sich Ihr Partner und Ihre Kinder natürlich beiseitegeschoben fühlen. Ihre Persönlichkeit füllt das Haus, und manchmal dominiert sie die der anderen. Das beginnt bereits in der Planungsphase von Hausbau oder Sanierung, wenn Sie Ihre Vorstellungen einbringen und einfordern. Verwunderlich ist das nicht: Wer wie Sie ein so starkes Empfinden dafür hat, wie ein Raum, ein Haus, ein Möbelstück auszusehen hat, tut sich schwer damit, in der Wahl der Wohnung, ihrer Gestaltung, Ausstattung und Möblierung Kompromisse einzugehen.

Unsere Tipps

► Wo kommen Sie nach einem aufreibenden Arbeitstag zur Ruhe? Es sollte ein Raum sein, der ganz allein Ihrer ist, wo Sie komplett ungestört abschalten können. Bestehen Sie darauf!

► Sie gehen mutig mit Hell-Dunkel-Kontrasten um. Streichen Sie ruhig mal eine Wand dunkelgrau und stellen helle oder weiß lackierte Holzmöbel davor.

► Achten Sie auf eine gute Akustik und verwenden Sie schallschluckende Materialien. Natürlich müssen das nicht Stores oder plüschige Läufer sein, aber vielleicht eine Verkleidung aus rustikalem Holz an einer Wand, verschiebbare Flächenvorhänge vor den Fenstern und ein schlichter, edler Teppich. Das wird Ihrem Bedürfnis nach Stille entgegenkommen.

► Ihr Schlafzimmer muss nicht groß sein, wenn es nur Ruhe und vielleicht sogar Askese ausstrahlt. Vermeiden Sie Schrankmöbel, bevorzugen Sie ein Ankleidezimmer oder einen begehbaren Schrank.

► Ein Bad für Sie ganz alleine ist das Optimum, aber wenn das nicht zu realisieren ist, sorgen Sie dafür, dass es ein separates Bad mit Dusche gibt, damit Sie Ihres zumindest mit Übernachtungsgästen nicht teilen müssen.

▶ Sie haben eine Familie? Dann wird es Sie entspannen, wenn es einen Eltern- und einen Kindertrakt gibt, gerne auch in Etagen aufgeteilt. Distanz zwischen Sie und Ihre Lieben zu bringen, ist kein Beleg von Desinteresse oder mangelnder Liebe, sondern einfach die Voraussetzung für Sie, um Ruhe zu tanken und sich dann wieder mit Hingabe den anderen widmen zu können.

▶ Eine Alternative hierzu ist ein Grundriss, wie er für Wohngemeinschaften typisch ist: Jeder hat sein eigenes Zimmer, und die sehr große Wohnküche ist das gemeinsame Zentrum.

Hier kann der rationale Typ zu sich kommen. »Ein klarer Raum für einen klaren Geist« ist ihm ein zentrales Gestaltungsprinzip.

Komfort

Ich möchte, dass es mir gut geht!

Was wir brauchen, um unser Zuhause so richtig genießen zu können, ist sehr unterschiedlich: der eine die tolle Küche, der andere sehr viel Platz. Dieser Genuss-Faktor eines Hauses ist dabei mehr als nur eine nette Dreingabe – er schafft Wohlgefühl, Identifikation und die Sicherheit, die richtige Wahl getroffen zu haben.

Nehmen wir Rehrücken. Ein wundervolles Fleisch, millimeterdünne Kruste, zartrosa und saftig. Es gelingt, wenn es rundum nur kurz angebraten wird, dann über lange Zeit bei geringer Hitze reifen kann, um schließlich im Kern eine Temperatur von 54 Grad zu haben. 54 Grad! Bei 50 Grad wäre es blutig, bei 60 Grad zu trocken.

Nehmen wir Gambas im Weinteig. Die Gambas werden kurz in einen Teig aus Mehl, Eiern, Weißwein und Salz eingetaucht und dann in 190 Grad heißem Fett frittiert. 190 Grad! Bei dieser Temperatur schließen sich die Poren so schnell, dass kein Öl eindringen kann, die Gambas werden außen goldbraun und knusprig, innen zart, die Proteine und Mineralstoffe darin bleiben vollständig erhalten.

Präzision! Perfektion! Wie ruft es die Meisterköchin Martha, gespielt von Martina Gedeck, im wunderbaren Kochfilm »Bella Martha« voller Leidenschaft aus: »Diese Foie gras ist perfekt! Pochiert bei 140 Grad im Ofen, 80 Grad Wassertemperatur, 25 Minuten, nicht zu kurz, nicht zu lang. Und sie hat genau das Zartrosa, das sie haben muss. Diese Foie gras ist perfekt! Und das ist keine Geschmackssache!« Beim Kochen ist es wie bei der Kunst: Nur Dilettanten meinen, Regeln seien un-

wichtig. Wer Kochen für ein vergnügliches Hobby hält, bei dem man Zutaten, Gewürze, Zubereitungszeiten und -temperaturen nach Belieben variieren kann, muss auf tolerante Gäste hoffen. Gourmets dagegen, die selbst zur Meisterschaft am Kochtopf streben, steht eine Zeit voller Rückschläge bevor. Oder sie investieren in ihre Küche.

Nehmen wir den Rehrücken. Ein Kombi-Dampfbackofen ermöglicht nicht nur die präzise Kombination von Temperaturen zwischen 30 und 230 Grad mit Feuchtigkeitsgraden von 30 bis 100 Prozent, er kann zudem mit einem Kerntemperaturfühler ausgestattet sein. Damit lässt sich die Temperatur im Innern des Rehrückens nicht nur jederzeit kontrollieren, das Gerät ist überdies auf jede gewünschte Temperatur programmierbar. Wenn also 54 Grad vorgegeben sind, schaltet er sich bei Erreichen dieser Temperatur automatisch ab und hält sie. Das Ergebnis: perfekt gegartes Wild. Oder nehmen wir die Gambas. In einer speziellen Friteuse wird das Öl nicht irgendwie ziemlich heiß, sondern von 135 bis 190 Grad in 5-Grad-Schritten ganz exakt steuerbar. Das Ergebnis: perfekt zubereitet – zu Ruhm und Ehren des Hobbykochs.

Die Liste der Geräte und der Gerichte, denen sie zu kulinarischer Perfektion verhelfen, lässt sich verlängern. Aus der Ausstattungsliste der Privatküche von »Bella Martha«: Küchenelemente von Bulthaup, System 20, Geräte von Gaggenau, Messer und Siebe von Rösle, Kupfer-Stahl-Töpfe von K&K, die Espressomaschine von Pavoni und das Geschirr von Rosenthal. »Beim Wohnen geht es nicht um Kosten-Nutzen-Verhältnisse, sondern um Gefühle«, erläutert der Frankfurter Architekt und Soziologe Jochen Brech, das Wohnen sei »der wichtigste Teil im Gesamtkunstwerk Lebensstil«. Deswegen sei die Küche »in vielen Haushalten zum teuersten Raum geworden«. Und weil in der Einrichtungsbranche, wie in so vielen Sektoren des Einzelhandels, allein der Luxussektor boomt, sind Auswahl wie Preise stattlich.

Komfort ist, was man nicht braucht, aber sehr gerne hätte.

Die ersten drei Kapitel dieses Buches haben wir den Grundbedürfnissen, die ein Haus bieten muss, gewidmet: dass es uns schützt, Geborgenheit vermittelt, Platz für Gemeinsamkeit und Rückzug bietet. Jetzt kommen wir zu einem Bedürfnis, das sich legitimieren muss: Komfort. »Na, euch geht's ja wohl gut!« lautet der nur schlecht getarnte Vorwurf, wenn die

Küche mit Dampfgarer, Fritteuse und sechsflammigem Herd glänzt, das Gartentor sich auf Knopfdruck öffnet und das Badezimmer zu einem Dampfbad einlädt. Vorgebracht wird er mitunter von Leuten, die sich zum Beispiel den Gartenteich aufwendig mit Bachlauf und Schwimmzone haben anlegen lassen. Wie herrlich darin zu schwimmen – und wie komfortabel. Weil man dazu eben nicht mehr ins Schwimmbad fahren und die Balzrituale von Heranwachsenden ertragen muss.

Komfort ist, was man nicht braucht, aber eben sehr gerne hätte. Komfort ist der Genuss-Faktor eines Hauses. Diesen Genuss empfinden wir bei höchst unterschiedlichen Gelegenheiten: beim Kochen in einer toll ausgestatteten Küche, in der eigenen Sauna, beim Blick in einen romantischen Garten. Aber auch das kann ein Genuss sein: ein makellos aufgeräumtes Zimmer, in dem alles seinen Platz

Blitzender Edelstahl in altem Backsteingewölbe, was für ein wundervoller Kontrast! Die Säulen mögen aus ergonomischer Sicht Hindernisse sein, aber es wäre natürlich ein Verbrechen, sie durch Unterzüge zu ersetzen.

hat, in eigens gebauten, auf den Millimeter genau eingepassten Möbeln. So etwas braucht man doch nicht, geht es nicht auch einfacher? Natürlich! Jedes Gartentor lässt sich von Hand öffnen, aber für manchen von uns ist es eben ein herrlicher Start in den Tag, wenn ein Fingertipp auf die Fernbedienung den Weg fürs Auto freimacht. Dieser Genuss schafft ein Gefühl der Identifikation mit dem eigenen Haus, das genau so ist, weil wir es so gewollt haben – als Ausdruck unserer Persönlichkeit. Man muss nur genau genug hinschauen und findet bei jedem von uns eine Leidenschaft, die nicht in den Bahnen der Nützlichkeit bleibt. Und deswegen geht der Vorwurf der Dekadenz, der gegen den Komfort, erst recht gegen den Luxus vorgebracht wird, in aller Regel fehl. Nach einem Bonmot von Voltaire: »Das Überflüssige ist eine höchst notwendige Sache.«

Genuss hat viele Gesichter. Manchmal reichen schon zwei kräftige Obstbäume in der richtigen Entfernung voneinander, zwischen denen sich eine Hängematte spannen lässt.

Schauen wir ein paar Jahrzehnte zurück, können wir nur staunen über den Zugewinn an Komfort, der uns heute völlig selbstverständlich ist. Zentralheizung, Strom, Licht und warmes Wasser, Geschirrspülmaschine, Tiefkühltruhe, vom Regensensor gesteuerte Dachflächenfenster, Whirlpool, Sauna – *you name it, you get it*. Meine Frau und ich haben es uns zur Angewohnheit gemacht, im Urlaub immer mal wieder auf Distanz zu gehen an entlegenen Plätzen, wo dieser Komfort komplett oder weitgehend fehlt. Dieses einfache Leben erdet wunderbar. Es spendiert aber auch einen echten Kick, wenn daheim wieder eine Maschine das Geschirr reinigt und die Fußbodenheizung die nackten Füße wärmt. Was ist es, das Sie ins Schwärmen, ins Träumen bringt?

Wenn der Kühlschrank Milch bestellt.

Viele Fantasien von Komfort und Luxus basieren heute auf der Allgegenwärtigkeit von Computertechnologie und Vernetzung. Eine Hymne auf deren Möglichkeiten hat der Autor einer Computerzeitschrift gesungen. Sie klingt fast wie ein Heilsversprechen: »Das intelligente Haus erledigt unbemerkt alle mühseligen Tätigkeiten, bevor der Hausherr aus dem Schlummer erwacht. So weiß die Heizung bereits vom Radiowecker, wann mit dem morgendlichen Toilettengang zu rechnen ist, und wärmt das Bad rechtzeitig vor. Mit dem Klingelzeichen gehen die Jalousien und Rollläden hoch, Lichtsensoren registrieren die Helligkeit und regulieren die Beleuchtung in Abstimmung mit dem zunehmenden Tageslicht, das durch die Fenster fällt. Auch für das leibliche Wohl sorgt die dienstbare Elektronik: Die Kaffeemaschine springt an, eine ausreichende Menge Milch ist im Kühlschrank, der nicht nur seinen Inhalt aufs Gramm kennt, sondern auch die Lebensgewohnheiten der Hausbewohner. So lässt er den Milchspiegel nie unter die kritische Notration fallen und ordert per Internet beim Bringdienst um die Ecke eben mal ein paar Lebensmittel, wenn er nachts Opfer einer Heißhungerattacke geworden ist.«

Technisch ist all das bereits realisiert, wenn auch bisher nur in Modellprojekten. In einigen Jahren verlassen wir also das Haus, sagen »Ich gehe jetzt«, und der gute Geist des Hauses schaltet den Herd aus, den abzustellen wir vergessen haben. Er startet ein Lichtkonzert, das möglichen Einbrechern die Anwesenheit von Personen vorspiegelt, und er steht bereit, wenn wir mittels Smartphone unser Kommen signalisieren. Dann wird die Heizung hochgefahren, der Backofen backt die Pizza, der Kühlschrank ordert den passenden Weißwein.

Ich erinnere mich noch gut daran, wie der Chef eines Technologieherstellers 1993 im Konferenzraum von »Schöner Wohnen« saß, ein überaus netter älterer Herr, und uns von einem System namens Instabus und dessen Möglichkeiten vorschwärmte. Ich erinnere mich noch gut an die Begeisterung, die mich selbst erfasste und ebenfalls zu einer kleinen Hymne darüber im Magazin verleitete. Ich habe allerdings auch noch den Anruf eines Lesers im Ohr, der mich etwa zwei Jahre nach Erscheinen des Textes zur Rede stellte. Ich sollte wissen, was ich angerichtet hatte. Er hatte sich von mir anstecken und sein neues Haus mit Instabus ausrüsten lassen. Er berichtete von einem kompletten Desaster, war wütend und verzweifelt, mit den Nerven am Ende. Nichts funktionierte, wie es sollte, und weder der Hersteller noch die von ihm beauftragten Handwerker konnten die Steuerung von Licht, Heizung und Alarmanlage ins Werk setzen. Er war sich noch unklar, wen er nun verklagen sollte: mich als Anstifter seiner Malaise, den Verlag von »Schöner Wohnen« als Überbringer der Nachricht, die Handwerksfirma oder den Hersteller der Technologie. Ob der Mann tatsächlich vor Gericht gezogen ist, weiß ich nicht. Vielleicht ist er auch umgezogen.

Für intelligente Haustechnik ist mancher nicht intelligent genug.

An die Episode knüpfen sich zwei grundsätzliche Fragen: Was ist Komfort, der nicht funktioniert? Eine Last! Und was hilft die intelligenteste Technik, wenn selbst geschulte Leute zu doof sind, sie zu installieren? Wenn selbst die Leute, die sie entwickelt haben und herstellen, die Probleme nicht lösen können? Eine

mir gut bekannte Innenarchitektin war dabei, als Handwerker sich abmühten, intelligente Haustechnik in einem Musterhaus zum Funktionieren zu bringen. Warum nur schlossen die Rollläden, wenn eigentlich das Licht im Flur angehen sollte? Einen ganzen Tag brauchte es, bis sie das Problem gelöst hatten. »Ich könnte mich in so einem Haus nie wirklich wohlfühlen«, sagte mir die Kollegin. »Ich würde mich dieser Technik ausgeliefert fühlen.«

Diese Erlebnisse liegen einige Jahre zurück. Seither haben etliche hoch qualifizierte Forscher und Ingenieure die Technik fürs Smart Home, wie es heute genannt wird, weiterentwickelt, optimiert und, so hoffen wir, idiotensicher gemacht. In der Vernetzung der Funktionen eines Hauses stecken ja tatsächlich tolle Chancen. Zum Beispiel für die Energieeffizienz, wenn das Heizen und die Warmwasserbereitung an die Anwesenheit der Bewohner gekoppelt, wenn Strom und Wärme viel gezielter eingesetzt werden. Oder für die Souveränität alter Menschen, die dank vorprogrammierter, einfach zu steuernder Abläufe länger in den eigenen vier Wänden wohnen können. Eine gewisse Nervosität aber bleibt: Werde ich der Situation Herr, wenn die Technik einmal ausfällt? Und hänge ich dann bitte nicht in der Warteschleife irgendeiner Hotline?

Das Bedürfnis nach Komfort ist das Bedürfnis nach Unterstützung im Alltag. Manche empfinden Technik aber alles andere als unterstützend, sie fühlen sich von ihr belästigt, ja, bedrängt. Was ist es, das ihnen hilft, den Tag, den Abend, das Wochenende zu Hause angenehmer, schöner, unterstützender zu erleben? Ein Leben im Einklang mit der Natur: weiches Regenwasser zum Duschen, Kaseinputz, ein Ausblick auf die eigene Pferdewiese und den Kräutergarten? Oder ein entspannendes Bad in der XXL-großen Wanne mit einem Tischchen daneben, auf dem ein Glas Champagner steht? Das kleine Fitness-Studio, in dem man Kraft tanken kann? Der Kamin, der uns mit seiner Wärme auflädt, der große flauschige

Teppich, auf dem wir herumlümmeln, die Seidentapete, die sich so überaus luxuriös anfühlt, oder die in einem Ankleidezimmer wohl sortierte Pracht von Kleidung, die uns die Sicherheit gibt, jede Lebenssituation mit dem passenden Outfit zu bestehen? Klischees? Na klar. Aber nur so lange, bis wir den sinnlichen Genuss, den sie verheißen, tatsächlich erleben. Dann sind sie kein Klischee mehr, sondern das wahre, das gute Leben.

Erfüllen wir uns Grundbedürfnisse? Oder sind wir Opfer von Moden?

Auf der Suche nach dem Komfort, der uns guttut, hilft die Aufmerksamkeit für die kleinen Dinge, an denen wir uns immer wieder freuen, die uns immer wieder belästigen. Um mit seinen Kunden die Basis für eine gelungene Planung zu legen, fragte ein Hamburger Badplaner immer zuerst nach den Ritualen. »Beobachten Sie mehrere Tage lang, welche Utensilien Sie benutzen, welche Handgriffe Sie machen, wo Sie Uhr, Brille, Schmuck ablegen.« Föhnen Sie Ihre Haare oder lassen sie einfach trocknen? Wenn Sie föhnen: Müssen Sie den Trockner immer erst aus dem Schrank nehmen, den Stecker in die Steckdose stecken, danach wieder herausziehen, das Kabel aufwickeln und das Gerät wieder verstauen? Gehört das zum Ritual oder nervt diese Prozedur? Wie wäre es, wenn der Föhn in einer Schublade verschwindet, in der sich gleich noch die Steckdose verbirgt: wäre das – komfortabel?

In ihrer unermüdlichen Suche nach neuen Trends, die neue Produkte erfordern und neue Umsätze ermöglichen, lassen Designer,

Muss man Ingenieur sein oder Informatiker, um sein Haus mithilfe dieser Steuerung in den Griff zu bekommen? Jedenfalls in hohem Maße technikbegeistert. Alle anderen wenden sich mit Grausen ...

Produktentwickler, Hersteller, Raumgestalter und Markenverbände auch beim Wohnen, das ja eigentlich von elementaren Grundbedürfnissen geprägt ist, Moden über uns hereinbrechen. Manche sind segensreich und bleiben. Im Bad: die Fußbodenheizung und der Handtuchwärmekörper. Andere überleben sich, der Allibert etwa. Wieder andere stellen unser Verständnis vom Badezimmer als Raum der Körperpflege, Sinnlichkeit und Intimität so grundlegend auf die Probe, dass wir uns fragen: »Ist das jetzt total bescheuert oder einfach genial?«

So ging es mir, als ich zur Wohnungseinweihungsfeier eines Fotografenpaares eingeladen war. Wir wurden ins weiträumige Schlafzimmer geführt, und mittendrin auf einem Podest stand die Badewanne. Für die Raumwirkung seiner eher kleinteiligen Altbauwohnung war die Auflösung der Grenzen zwischen zwei Räumen ein großer Gewinn. Aber für die Alltagstauglichkeit? Badplanern begegnet dieses Konzept, das mittlerweile auch durch die Werbung großer Sanitärhersteller geistert, naturgemäß häufiger. Der knappe Kommentar: »Kalt schlafen und in eine warme Dusche kommen – das verträgt sich nicht miteinander.« Nackt reagiert man viel intensiver auf das, was man berührt.

Welche Materialien, welche Atmosphäre mag ich dann? »Große Fenster und Spiegel entziehen mir Wärme«, warnt der Experte. Wenn ich morgens zum Frösteln neige, also das falsche Konzept. Und womöglich ein Grund dafür, lieber zwei Bäder einzuplanen, eins für Asketen, eins für Genießer. Ist das dann schon dekadent, ein zu kritisierender Luxus?

Der Luxus der Zukunft liegt in der Vermeidung, schreibt der Philosoph.

In einem Essay hat Hans Magnus Enzensberger sich darüber Gedanken gemacht – über den Luxus als solchen, nicht über die Bäder. Wie hellsichtig er formulierte, erkennt man

daran, dass der 1996 geschriebene Text (s. Literatur, S.142) nichts von seiner Gültigkeit verloren hat.: »Knapp, selten, teuer und begehrenswert sind im Zeichen des wuchernden Konsums nicht schnelle Automobile und goldene Armbanduhren, Champagnerkisten und Parfüms, Dinge, die an jeder Straßenecke zu haben sind, sondern elementare Lebensvoraussetzungen wie Ruhe, gutes Wasser und genügend Platz. Merkwürdige Verkehrung einer Logik der Wünsche: Der Luxus der Zukunft verabschiedet sich vom Überflüssigen und strebt nach dem Notwendigen, von dem

Was Hans Magnus Enzensberger als Luxusgüter der Zukunft bezeichnet, von der Ruhe bis zur gesunden Umwelt, kann sich auch in einem Holzhäuschen in der skandinavischen Wildnis vereinen.

zu befürchten ist, dass er nur noch den We-nigsten zu Gebote stehen wird.« Das, worauf es ankomme, habe kein Duty-free-Shop zu bieten:

1. Die Zeit. Enzensberger hält sie für das wich-tigste aller Luxusgüter. »Bizarr« nennt er es, dass gerade die Eliten unserer Gesellschaft über ihre eigene Lebenszeit am wenigsten frei verfügen können, dass sie jederzeit erreich-bar sein und auf Abruf bereitstehen müssten. Aber auch andere erlebten die Souveränität über ihre Zeit auf ein Minimum beschränkt:

Arbeiter durch Maschinenlaufzeiten, Einkau-fende durch Ladenschlusszeiten, Eltern durch die Verfügungen der Schule. »Und fast alle sind auf Pendelfahrten zu den Spitzenver-kehrszeiten angewiesen. Unter solchen Bedin-gungen lebt luxuriös, wer stets Zeit hat, aber nur für das, womit er sich beschäftigen will.«

2. Die Aufmerksamkeit. »Im Gerangel von Geld und Politik, Sport und Kunst, Technik und Werbung bleibt wenig von ihr übrig. Nur wer sich diesen Zumutungen entzieht und das Rauschen der Kanäle abschaltet,

kann selbst darüber entscheiden, was Aufmerksamkeit verdient und was nicht.«

3. Der Raum. »Steigende Mieten, Wohnungsnot, überfüllte Verkehrsmittel, Gedrängel in den Fußgängerzonen, Freibädern, Diskotheken, Touristenzonen zeigen eine Verdichtung der Lebensverhältnisse an, die an Freiheitsberaubung grenzt. Wer sich dieser Käfighaltung entziehen kann, lebt luxuriös.« Was fehle, sei jener Überfluss an Platz, der die freie Bewegung überhaupt erst möglich macht. »Heute wirkt ein Zimmer luxuriös, wenn es leer ist.«

4. Die Ruhe. »Wer den allgegenwärtigen Krach vermeiden will, muss einen hohen Aufwand treiben. Wohnungen kosten in der Regel umso mehr, je ruhiger sie sind (…). Der tobende Verkehr, das Heulen der Sirenen, das Knattern der Hubschrauber, die dröhnende Stereoanlage des Nachbarn, die monatelang wummernden Straßenfeste – Luxus genießt, wer sich alledem entziehen kann.«

5. Die Umwelt. »Dass man die Luft atmen und das Wasser trinken kann, dass es nicht qualmt und nicht stinkt, ist bekanntermaßen keine Selbstverständlichkeit, sondern ein Privileg, an dem immer weniger Menschen teilhaben. Wer sie nicht selbst erzeugt, muss Lebensmittel, die nicht vergiftet sind, teuer bezahlen.«

6. Die Sicherheit. Sie sei wahrscheinlich das prekärste aller Luxusgüter. »In dem Maß, in dem der Staat sie nicht mehr garantieren kann, steigt die private Nachfrage und treibt die Preise in die Höhe. Leibwächter, Sicherheitsdienste, Alarmanlagen – alles, was Sicherheit verspricht, gehört heute schon zum Lebenszuschnitt der Privilegierten.«

Komfort ist das Angenehme, Luxus das Besondere.

Enzensberger sah damals gleichsam voraus, was uns heute zum Beispiel von den Titelseiten der Wohn- und Architekturzeitschriften

entgegenblickt, was Magazinen rund ums Landleben gewaltige Auflagen beschert: die Sehnsucht nach dem Simplen und Schlichten, dem einfachen Leben. Aber der Gestus des Verzichts auf das Materielle steht dem Philosophen natürlich auch gut zu Gesicht. Etwa wenn er schreibt, dass die Zukunft des Luxus nicht »in der Anhäufung, sondern in der Vermeidung« liege. Leben wir also besser, wenn wir auf all das, was landläufig unter Komfort und Luxus verstanden wird, verzichten? Davon war nicht die Rede. Schauen wir uns die beiden Begriffe etwas genauer an. Komfort und Luxus werden gerne synonym verwendet, aber das sind sie nicht. Komfort beschreibt die Annehmlichkeit, die uns eine Sache verschafft, während der Luxus sie als etwas Besonderes, Seltenes aus der Masse heraushebt. Eine Einbauküche war in den fünfziger Jahren Luxus, heute ist sie ganz normaler Komfort. Luxuriös wäre nach Enzensberger, auf die Küchenmöbel und -geräte zu verzichten, den leeren Raum, der Bewegung darin ermöglicht, zu genießen und einfach Butterbrote zu essen.

Was die Luxusgüter der Zukunft, die offenbar schon begonnen hat, so attraktiv macht: Sie repräsentieren die Werte eines besseren Lebens, nach denen es sich wirklich zu streben lohnt. Aber wenn es nicht der Philosoph ist, sondern der Architekt oder Innenarchitekt, der einem nach Ruhe sich sehnenden Kosmopoliten raten soll, dann kommt vielleicht so etwas heraus: »Lass dir deine Großstadtwohnung, die so wunderbar zentral liegt, mit schalldämmender Dreifachverglasung und einer Lüftungsanlage ausstatten. Dann bist du abgeschirmt vom Lärm in den Straßen und hast trotzdem jederzeit frische Luft.« Komfort ist, was uns stützt – und oft sind es ganz pragmatische Lösungen. Auch der Keller gehört dazu. Seinen Gegnern gilt er als besonders teurer Abstellraum, und damit haben sie natürlich Recht. Allerdings gibt es kaum einen größeren Komfort, als den eines Raums, den wir nutzen können, ganz wie wir wollen: als Werkstatt, Hobby-, Yoga- oder Proberaum,

Sauna, Partykeller, Fitnessstudio. Hier erfüllen sich Wünsche, vielleicht sogar Träume, die anderswo viel schwerer zu erfüllen sind.

Dabei muss Komfort nicht unbedingt viel Geld kosten. Manchmal ist eine gute Idee völlig ausreichend. Dem Hamburger Badplaner ist eine Toilette, die er vor einigen Jahren ausgestattet hat, in besonderer Erinnerung geblieben: »Wir haben dem Kunden, der dort zu lesen pflegt, eine kleine Bibliothek ins WC gebaut und das Becken selbst auf ein Podest gestellt. So hat er einen besonders schönen Blick auf seinen Gartenteich.« Machen wir den Luxus-Test: Wenn der Hausherr hier sitzt, hat er Zeit, kann seine Aufmerksamkeit ganz einem geliebten Buch widmen, hat den Raum nach seinen eigenen Ideen gestalten lassen, ob es ein ruhiger Ort ist, wissen wir nicht, aber dass der Blick aus dem Fenster auf eine von ihm selbst gestaltete Umwelt lohnend für ihn sein muss. Darf er sich sicher fühlen? Sonst würde er hier wohl nicht so gerne lesen. Klingt nach einem sehr luxuriösen Ort.

Baden oder baden? Oder erst im Meer und dann in der Wanne, um sich das Salz abzuspülen? Ach, manche Probleme hätte man gerne und würde sie Tag für Tag aufs Neue lösen.

Teil 4: Komfort ←------------

Ist es die tolle Küchentechnik, die Sie begeistert, der Whirlpool oder einfach
viel, viel Platz? Was können Sie in vollen Zügen genießen? Wählen Sie wieder
aus den Antworten auf die Fragen, die wir Ihnen jetzt stellen.

Zum Ausdrucken oder Herunterladen finden Sie den Test auch im Internet unter www.dva.de/wohntyp.

1. Sie haben die Wahl zwischen diesen vier Urlauben. Welchen treten Sie an?

1 Mischung aus Kultur, Relaxen und Bewegung, Tempel und Trekking, nicht zu durchgeplant.
2 Lieber Kloster als Pauschalreise.
3 Mit Freunden ins Ferienhaus an der See.
4 Kreuzfahrt oder Cluburlaub.

2. Wünschen Sie sich ein Ankleidezimmer?

1 Das ist für mich Platzverschwendung. In einem Schrank sehen die Sachen auch ordentlich aus.
2 Ich möchte lieber richtig schöne Schränke, das macht das Schlafzimmer wohnlicher.
3 Ja, ein Ankleidezimmer steht weit oben auf meiner Wunschliste, da kann ich Sachen auch mal liegen lassen.
4 Ankleidezimmer oder begehbarer Schrank, Hauptsache keine Schränke im Schlafzimmer.

3. Was bedeutet für Sie Komfort im Garten?

1 Romantischer Gartenteich mit Bachlauf.
2 Automatisches Bewässerungssystem, gepflegte Rasenfläche.
3 Edle, reduzierte Gestaltung und ein Wasserband an der Terrasse.
4 Hollywoodschaukel, Outdoor-Küche und Schwimmteich.

4. Welche Arbeitserleichterung wünschen Sie sich?

1 Eine Hauhaltshilfe.
2 Gelegentlich einen richtig guten Partyservice.
3 Einen Hausmeisterservice.
4 Intelligente Haustechnik.

5. Was darf es in einem schönen Raum auf keinen Fall geben?

1 Gähnende Leere
2 Einen langweiligen Ausblick
3 Esoterischen Schnickschnack
4 Chaos

6. Mit wie viel Technik soll Ihr Haus ausgestattet sein?

1 Da, wo sie sinnvoll ist, aber auch wirklich nur da.
2 Ich möchte so wenig wie möglich Elektrosmog und mich nicht irgendwelcher Technik ausliefern.
3 Gibt es schon wieder was Neues? Her damit.
4 Intelligente Heizung, W-Lan, Wäschetrockner, das ist doch alles selbstverständlich.

7. Was verbinden Sie mit dem Begriff Wohnkomfort?

1 Große, weite Räume.
2 Das gute Gefühl: das ist hier meins, hier bin ich Herr im Haus.
3 Eine tolle Atmosphäre, Großzügigkeit, ausgefallene Möbel.
4 Ein Kachelofen, gutes Raumklima, Platz für schöne Dinge.

8. Was ist für Sie Komfort beim Arbeiten?

1 Ein eigenes Büro
2 Nette Kollegen
3 Freie Zeiteinteilung
4 Neueste Technik

Der große Wohntest

9. Welche der folgenden Küchen wählen Sie?

1 Solide Verarbeitung, durable Oberflächen, perfekte Ergonomie, intelligenter Stauraum.
2 Küchenwerkbank aus Edelstahl, großer Dunstabzug und viel Platz.
3 Fantasievoller Stilmix, offene Regale, Tresen für Geselligkeit.
4 Landhausmöbel, nostalgischer Herd, viel Platz für Krüge, Vasen, Schalen.

10. Platz ist Komfort. Welchen würden Sie sich leisten?

1 Einen eigenen Trakt für die Kinder.
2 Eine große Dachterrasse.
3 Musikzimmer, Bibliothek, Hobbyraum.
4 Einen Wintergarten mit üppigen Pflanzen.

11. Was werden wir in Ihrem idealen Wohnzimmer finden?

1 Kamin, Sofalandschaft, Designerlampe.
2 Viel Platz, große Fenster, abstrakte Kunst.
3 Warme Farben, natürliche Materialien, weiche Teppiche, sanftes Licht.
4 Vitrine mit Sammlerstücken, stilvolle Sitzgruppe, Audio und Video vom Feinsten.

12. Bodenbeläge können edel sein und Komfort ausstrahlen. Wofür entscheiden Sie sich?

1 Estrich mit Spezialbeschichtung.
2 Parkett mit Teppichen.
3 Schiffsdielen im XXL–Format.
4 Holzboden in warmen Farben.

13. Was ist für Sie das Wichtigste?

1 Ruhe
2 Freiheit
3 Nähe
4 Sicherheit

14. Wann sind Sie in einem neuen Zuhause angekommen?

1 Wenn endlich alles an seinem Platz steht.
2 Beim ersten gemeinsamen Essen mit der ganzen Familie.
3 Eigentlich schon, wenn ich es im Geiste eingerichtet habe.
4 Wenn meine Musikanlage aufgebaut ist und mein Lieblingsstück erklingt.

15. Von welchem Bad träumen Sie?

1 Von einem schönen großen Familienbad.
2 Von einem Bad mit Whirlpool, Regendusche und freiem Blick in den Garten.
3 Von Natursteinfliesen, Doppelwaschtisch, Wanne, Dusche, edlen Badmöbeln.
4 Von einer Nasszelle de Luxe.

Die Auswertung

Überprüfen Sie, welche Ziffer welchem Buchstaben entspricht, und zählen Sie, wie oft Sie einen Buchstaben angekreuzt haben. Je häufiger ein A, B, C oder D in der Auswertung auftaucht, umso mehr neigen Sie der Art von Komfort zu, für die dieser Buchstabe steht. Was sich dahinter verbirgt und wie Sie Ihr Wohnumfeld optimal auf Ihr Bedürfnis abstimmen können, lesen Sie auf den nächsten Seiten.

Antwort	1	2	3	4
1.	C	D	A	B
2.	B	A	C	D
3.	A	B	D	C
4.	A	C	D	B
5.	A	C	D	B
6.	D	A	B	C
7.	D	B	C	A
8.	D	A	C	B
9.	B	D	C	A
10.	D	C	B	A
11.	C	D	A	B
12.	D	B	C	A
13.	D	C	A	B
14.	B	A	C	D
15.	A	C	B	D

A. Der natürliche Typ
Romantik, Behaglichkeit, Baubiologie

Sie sind der romantische, gemütliche Wohntyp. Sie denken beim Thema Wohnkomfort weder an technische Highlights noch an Luxuseinrichtungen, sondern an das behagliche, gesunde Haus mit viel Platz für Geselligkeit. Schadstoffarmes Wohnen, ein gesundes Wohnklima sind dabei wichtig für Ihr Wohlbefinden. Hochwertige ökologische Baustoffe in Verbindung mit Niedrigenergie liegen Ihnen der Umwelt zuliebe am Herzen. Ein Kachelofen mit integrierter Sitzfläche lässt Ihr Herz gleich höherschlagen. Sie haben ein Faible für schöne, alte Möbelstücke, sei es den antiken Bauernschrank oder die historische Badewanne mit Löwenfüßen. Wenn Sie so etwas auf einem Markt oder Speicher finden, dann gönnen Sie sich diesen Solitär. Ihr Garten hat lauschige Sitzecken, seltene Rosen und einen rustikalen Tisch für Familie und Freunde.

Unsere Tipps

► Ihnen ist beim Wohnen Qualität wichtiger als Quantität. Deswegen achten Sie beim Bau oder Kauf der eigenen vier Wände stärker auf die Substanz und die Ausstattung als auf schiere Größe.

► Sorgen Sie für ein gesundes Wohnklima, denn das ist für Ihr Komfortempfinden enorm wichtig.

► Verwenden Sie ökologische Baustoffe wie Lehmputz, Naturfarben und geölte Holzdielen, die Ihnen das gute Gefühl geben, sich mit unbedenklichen Materialien zu umgeben. Achten Sie auf Qualitätssiegel wie »nature plus«.

► Informieren Sie sich über die Möglichkeiten für den Schutz gegen Elektrosmog. Sie reichen von abgeschirmten Kabeln bis zu Abschirmgeweben, -farben oder -tapeten.

- Kombinieren Sie unterschiedliche Licht-quellen wie Deckenleuchten, Steh- und Tischleuchten. Da Sie gerne immer wieder neu gestalten, sollten Sie ausreichende Steckdosen einplanen. Einbauleuchten sind eher von Nachteil.
- Vielleicht gönnen Sie sich einen Kachel- oder Lehmofen mit integrierter, beheizter Sitzfläche. Das sorgt nicht nur für einen warmen Rücken, sondern auch für eine gemütliche Atmosphäre.
- Überlegen Sie, ob ein Wintergarten nicht auch eine Wohltat für Ihr Wohlbefinden sein kann. Die Nähe zur Natur, die Hellig-keit, üppig wachsende Pflanzen und das angenehm milde Raumklima würden Ihnen guttun.

- Sie benutzen Ihr Badezimmer, um sich darin in Ruhe zu pflegen. Schaffen Sie ein natürliches Ambiente mit Pflanzen, Möbeln aus Holz und Holzlamellen vor dem Fens-ter.
- Denken Sie an eine große Terrasse mit Essplatz, um im Sommer unkompliziert die große Runde nach draußen verlegen zu können.
- Achten Sie beim Garten auf die richtige Größe: Einerseits sollten Sie genug Platz für einen Nutzgarten mit Kräuter- und Gemüseecke sowie einen Blumengarten haben, andererseits sollte er nicht zu groß sein, sonst verliert er an Gemütlichkeit.
- Das i-Tüpfelchen Ihres Gartens könnte ein großer Gartenteich mit schönen Fels-

Ein üppig blühender Garten bietet dem natürlichen Typ vieles, was das Leben schöner macht: Romantik, Schönheit, Lebensraum.

steinen, üppiger Bepflanzung und einem kleinen Wasserfall sein.

B. Der traditionelle Typ
Faible für Technik und Systeme

Auch wenn Ordnung und Sauberkeit für Sie einen hohen Stellenwert haben, heißt das nicht, dass Sie zu viel Zeit darauf verwenden wollen, diese ständig herzustellen. Daher fängt für Sie Komfort immer dort an, wo das Wohnen durch eine intelligente Ausstattung praktischer wird und bei Pflege und Wartung des Hauses möglichst viel Zeit eingespart werden kann. Sie sind ein wahrer Künstler darin, neue Ordnungsstrukturen zu schaffen. Sie haben daher ein Faible für durchdachte Systemlösungen: integrierter Stauraum, Einbauschränke, andere Möbel mit System oder passgenaue Sonderanfertigungen. Wenn es um Ihr Hobby geht, empfinden Sie technische Highlights als Hochgenuss. Als Musiker hätten Sie vermutlich eine professionelle Anlage, als Bastler einen gut ausgestatteten Werkzeugschrank, als leidenschaftlicher Koch einen Dampfgarer und Induktionsherd mit separater Grillplatte.

Eine sorgfältig geplante Küche mit viel Stauraum, moderner Technik und präziser Beleuchtung erfüllt den traditionellen Typ mit Vorfreude aufs Kochen.

Unsere Tipps

► Sie tun sich einen großen Gefallen, wenn Sie Produkte einsetzen, die Ihnen dabei helfen, Zeit beim Putzen einzusparen. Hierzu gehören: selbstreinigende Fensterscheiben und Fliesen, Dachziegel mit Lotus-Effekt (eine ähnliche Beschichtung gibt es übrigens auch für die Badewanne), pflegearme und wartungsfreie Fassaden und Fenster.

► In der Küche sind für Sie Schubladen und Auszüge an der richtigen Stelle ein wahrer Hochgenuss. Die Küchenmöbel sollen so geplant sein, dass später nichts herumsteht und die Körpergröße des »Hauptkochs« berücksichtigt ist. Deshalb planen Sie die Küche, wenn möglich, einmal durch, bevor die Größe des Raums feststeht.

► Falls Sie ein Musikfan sind, können Sie sich sicher dafür begeistern, über eine computergesteuerte Anlage in jedem Raum in der gewünschten Lautstärke Ihre Lieblingsmusik hören zu können. Denken Sie beim Bauen oder Renovieren an die Kabelführung, wenn die Anlage nicht funkgesteuert sein soll.

► Für Sie ist eine Dusche mit praktischen Eigenschaften wie innenbündigen Beschlägen oder einer Duschtür ohne Bodenschiene das Richtige. Vielleicht planen Sie, vorausschauend wie Sie sind, von vornherein eine bodengleiche Dusche und ein Bad mit ausreichenden Bewegungsflächen. Das erspart Ihnen spätere Umbaumaßnahmen.

► Sie haben es auch im Garten gern geordnet. Daher tun Sie sich einen Gefallen mit einer Rasenfläche, die sich leicht pflegen lässt.

► Wenn Sie der Typ für praktischen Hightech-Komfort im Garten sind, investieren Sie Ihr Geld in eine automatische Beregnungsanlage mit Regensensor.

► Ganz wichtig für Ihr Wohlbefinden sind einheitliche Materialien. Verzichten Sie auf einen Material- oder Stilmix. Sie würden sich immer wieder daran stören.

► Zu edlen Vorhangstoffen und hochwertigen Tapeten passen zeitlose Muster und dezente Farben. Wählen Sie ebenfalls für großflächige Möbel eher neutrale Farben, damit Sie auch in gemusterter Kleidung auf dem Sofa noch eine gute Figur machen.

► Eingelassene Downlights sind für Sie eher Highlights, da man sie wunderbar integrieren kann. Für Sie ist es wichtig, großflächig und gleichmäßig auszuleuchten. Lichtinseln sind nichts für Sie, Sie haben es einfach gerne hell. Zum Beispiel mit tageslichtidentischem Biolicht.

C. Der ungebundene Typ
Großartig ist alles, was anregt.

Das haben Sie ja schon an anderer Stelle in diesem Buch über sich gelesen: Sie lieben Großzügigkeit, Offenheit und schöne Ausblicke. Je mehr, umso besser! Komfort ist, was Ihre Leidenschaft für ein Leben voller Genüsse unterstützt. Sie mögen es üppig, bunt und abwechslungsreich. Tolles Design kann Sie begeistern, aber es kommt nicht darauf an, dass es viel Geld gekostet hat. Umso leichter lässt es sich gegen ein neues Beutestück austauschen – ein wunderbares Rezept gegen Langeweile, denn die fürchten Sie mehr als alles andere. Großartig ist alles, was einen Abend mit dem Partner oder Freunden anregend gestaltet, ein loderndes Feuer im Kamin oder in der Feuerschale im Garten. Luxus können Sie in vollen Zügen genießen, gerne auch gemeinsam mit Freunden. Schön, wenn die über Nacht bleiben können, wofür Sie gerne ein Gästezimmer mit eigenem Bad bereithalten.

Unsere Tipps

► Wenn Sie einen Kamin planen, dann in möglichst zurückhaltendem Design. Das passt zu Ihnen, und er passt dann auch in zwanzig Jahren noch zu Ihren Möbeln.

► Ein besonderes Highlight für das Wohnzimmer könnten Oversize-Polstermöbel sein.

► Wenn Sie gerne mit anderen kochen, dann brauchen Sie viel Platz, am besten eine Kochinsel mit sechsflammigem Herd und einen XXL-Kühlschrank.

► Bei Ihrem Unterhaltungstalent ziehen sich Abende am großen Esstisch gerne in die Länge. Gönnen Sie sich Polsterstühle.

► Leben Sie lieber ungewöhnlich. Mit einem Gelkamin im Bad, um Wellness mal ganz anders zu inszenieren. Oder wollen Sie dort lieber die Sportschau gucken?

► Ganz wichtig für Ihr Wohlgefühl sind haptisch angenehme Materialien. Barfuß über einen dicken Teppich zu laufen, mal über einen Natursteinboden, mal über einen geölten Holzboden, das regt Ihre Sinne an. Deshalb befühlen Sie das Material, das Sie einbauen wollen, vor dem Kauf und entscheiden nicht nur nach dem Augenschein.

► Ihr Garten kann gerne etwas größer sein, damit Sie ein Federballnetz aufspannen, ein Trampolin oder eine Tischtennis-platte aufstellen können. Auch in einem Schwimmteich oder einem beheizten Pool vertreiben Sie sich gerne die Zeit.

► Wie wäre es mit einer Outdoor-Küche?

D. Der rationale Typ
Voller Liebe zum Weglassen

Der elementarste Luxus für Sie ist Platz. Im Zweifelsfall können Sie auf alles andere eher verzichten als auf Geräumigkeit und Groß-zügigkeit. Deswegen wählen Sie lieber einen Grundriss mit weniger Zimmern, wenn die dafür umso größer sind. Wenn Komfort für andere bedeutet, sich mit schönen Dingen zu umgeben, dann liegt er für Sie im Weg-lassen. So entsteht Platz für raumgreifen-de Gedanken. Ist für diesen Platz gesorgt, widmen Sie sich der Ausstattung und den Dingen, die man im Alltag nun mal braucht (und Sie brauchen längst nicht so viele wie andere Menschen), mit dem sicheren Gefühl dafür, was richtig und was falsch ist. Sie haben wahrlich keine Angst vor Technik, prüfen aber genau, ob sie Ihr Leben tatsächlich sinnvoll unterstützt. Denn für Spielereien fehlen Ihnen der Sinn und die Zeit.

Unsere Tipps

► Um Ihr Bedürfnis nach Klarheit und großzügigen Flächen zu erfüllen, planen Sie Flächenheizungen anstatt Heizkörper. Gestalten Sie mit Lichtschächten für indirektes Licht und schlichten Designleuchten für die direkte Beleuchtung.

► Stille ist für Sie ein hohes Gut. Investieren Sie deswegen in eine Dreifachverglasung und eine Lüftungsanlage, die für jederzeit frische, angenehm temperierte Luft sorgt. So bleibt der Lärm draußen (und, schöner Nebeneffekt für die Heizkosten, die Wärme drinnen).

► Sie haben eine Vorliebe für rohe, »ehrliche« Materialien wie Beton, Stein und Stahl. Bedenken Sie aber, dass diese nicht nur eine (für Sie angenehm) kühle Atmosphäre erzeugen, sondern sich auch kalt anfühlen. Den Küchentresen oder die Arbeitsplatte könnten Sie stattdessen lieber aus einem Material wählen, das ebenso ursprünglich wirkt, sich aber gut anfühlt: Mooreiche zum Beispiel.

► Wenn Ihnen der Sinn nach mehr Farbe im Leben steht, dann machen Sie sich auf die Suche nach Kunstwerken, die Ihnen entsprechen, oder setzen Sie Akzente mit farbigen Stühlen und Kissen. Bunte Vorhänge oder große Farbflächen würden Sie auf Dauer erdrücken.

► Gerade bei der Gestaltung des Bads können Sie zu großer Form auflaufen. Nirgendwo lässt sich Reduktion so luxuriös inszenieren wie hier. Wichtig aber ist eine Wand- oder Fußbodenheizung, die kühle Materialien mit Wärme auflädt.

► Ein Keller ist für Sie (fast) unverzichtbar. Hier kann nicht nur alles verschwinden, was Sie auf keinen Fall täglich sehen wollen, hier ist auch Platz für Ihren Weinkeller. Sie lieben solche authentischen Lösungen.

► Sie sind Ästhet in jeder Hinsicht. Darum sollte die Gestaltung Ihres Gartens unbedingt zur Architektur des Hauses passen. Wenn Sie selbst nicht gern gärtnern, leisten Sie sich eine Gartenplanung vom Fachmann. Kraut und Rüben würden Sie unglücklich machen.

Eine Klosterzelle der Moderne, in der sich der rationale Typ im wahrsten Sinne von der Hektik des Alltags reinwäscht, kann auch das Bad sein.

Repräsentation

Seht her, das bin ich!

Die Wohnung ist der Spiegel der Seele, sagt der Volksmund. Was für den Mann das Auto, ist für die Frau das Haus, sagen Meinungsforscher – ein Statussymbol. Wer die Selbstdarstellung damit übertreibt, lebt falsch, sagen Psychologen. Aber wie sollen wir denn unserer Persönlichkeit das richtige Gesicht geben? Das Bedürfnis nach Repräsentation: ein heikles Thema.

Demoskopie ist etwas Tolles. Man muss nur eine interessante Frage haben und ein wenig Geld, und man kann vieles über Vorlieben und Antipathien seiner Mitbürger erfahren. Im Sommer 2010 kam ein Baufinanzierer auf die lustige Idee, eine repräsentative Gruppe von Deutschen danach zu befragen, welche Eigenschaften sie verschiedenen Arten von Immobilienbesitzern zuschreiben, wen sie für sympathisch, wohlhabend, interessant oder modebewusst halten.

Das Ergebnis ist bemerkenswert. Danach gelten Eigentümer von Guts- und Bauernhöfen bei den Deutschen als besonders einnehmende Immobilienbesitzer; 73 Prozent der Befragten weisen ihnen das Attribut »sympathisch« zu. Auf den Plätzen zwei und drei in Sachen Sympathie folgen mit einiger Distanz Eigentümer von Ökohäusern und, sonderbar, Bauwagenbesitzer. Zudem wird Landhausbesitzern der stärkste Familiensinn zugesprochen. Besitzer von Lofts liegen dagegen in Sachen Modebewusstsein, Weltoffenheit und Sex-Appeal ganz vorne. Zudem gelten sie als die interessantesten und wohlhabendsten Wohneigentümer. Sehr sympathisch sind sie den Deutschen freilich nicht: Mit 34 Prozent liegen sie an vorletzter Stelle, knapp vor

Eigentümern von Neubauwohnungen. Ja, und wir ahnten es: Besitzer von Reihenhäusern liegen bei den Eigenschaften »Sex-Appeal«, »unterhaltsam«, »interessant« und »weltoffen« jeweils auf dem letzten Platz. Immerhin wird ihnen viel Familiensinn zugesprochen. Was womöglich Frauen anziehend finden. Ihnen ist diese Gattung der Immobilienbesitzer nämlich deutlich sympathischer als Männern.

Wir armen Reihenhausbesitzer (ich bin auch einer)! Sind wir wirklich so viel weniger sympathisch als die Besitzer von Bauwagen? Zweifel sind erlaubt, lassen sich freilich kaum verifizieren. Aber das ist auch gar nicht wichtig. Denn dieser Abgleich findet im Alltag ja nur selten statt. Die allermeisten von uns schließen auf den Charakter eines Menschen, wenn wir die Räume gesehen haben, in denen er wohnt, und die wenigsten dieser Leute lernen wir wirklich kennen. Unsere Einschätzung entspricht übrigens denen der meisten anderen. Wie eine amerikanische Studie belegt, ist die Übereinstimmung der Persönlichkeitsmerkmale, des sozialen Status und der Hilfsbereitschaft, die den Besitzern der jeweiligen Wohnraumtypen zugeschrieben wurden, bemerkenswert hoch.

Alain de Botton erklärt das so: »Gebäude reden – und dies über Themen, die wir ohne weiteres verstehen können. Sie reden von Demokratie und Aristokratie, von Offenheit und Arroganz, von Bedrohung und freundlichem Willkommen, von Sympathie für die Zukunft oder Sehnsucht nach der Vergangenheit (...). Sie erzählen von den Stimmungen, die sie in ihren Bewohnern wecken oder verstärken wollen.« Wenn wir also ein Haus schön finden, dort einziehen möchten, dann, weil wir das Lebensgefühl, das es ausstrahlt, mögen, »seine Vision vom Glück«, wie de Botton sagt.

Das Wort »Repräsentation« hat keinen guten Klang.

Wie sympathisch, hilfsbereit und sexy schätzen Sie den Besitzer dieser Villa ein? »Ein großes, solides, kühl aussehendes Haus mit Mauern aus braunen Backsteinen, einem Ziegeldach und Laibungen aus weißen Steinen. Die Fenster im Erdgeschoss hatten Bleirahmen. Die oberen Fenster sahen wie die von einem Landhaus aus und hatten viel imitiertes Rokoko aus Ziersteinen um sich herum. Von der Vorderfront und den davor blühenden Büschen strömte ein etwa zweitausend Quadratmeter großer Rasen sanft zur Straße hinunter. Der Fußweg und die Zufahrt waren sehr breit, und an der Zufahrt standen drei weiße Akazien, die sehenswert waren. Ich ließ mein Auto auf der Straße stehen und spazierte über ein paar Dutzend Steinstufen, die in den grünen Rasen eingelassen waren, bis zu den Backsteinsäulen des Portals, die ein Spitzdach trugen, und klingelte. Nach einiger Zeit öffnete ein als Hausmädchen verkleideter, nicht mehr ganz junger Drache die Tür einen Spalt breit und luchste hinaus. ›Philip Marlowe‹, sagte ich. ›Ich möchte zu Mrs. Murdock. Ich werde erwartet.‹«

Und schon sind wir mittendrin in einem Klassiker der amerikanischen Kriminalliteratur: »Das hohe Fenster« von Raymond Chandler (dessen Anfang hier gekürzt wiedergegeben ist). Die wenigen Zeilen lassen keinen Zweifel: Privatdetektiv Marlowe kommt zu einer reichen Kundin, die diesen Reichtum zelebriert. Alles ist da: die Größe, der Zierrat, der vom Gärtner gepflegte Park, die große Auffahrt, das Portal mit Säulen, der Hausdrache. Und drinnen geht es, natürlich, angemessen weiter: mit Wandteppichen, hohen Doppeltüren, Statuetten aus Marmor, vergoldeten Uhren,

Accessoires, die von altem Geldadel künden sollen. So inszenieren sich Menschen, die auf Repräsentation großen Wert legen.

Repräsentation – das Wort hat für die meisten von uns keinen guten Klang. Wir verbinden damit Protz und Prunk, ein vorlautes Auftrumpfen, womöglich Hochstapelei, auf jeden Fall wenig Sympathisches. Und doch ist Repräsentation ein zentrales Bedürfnis, ein wichtiges Thema für das Haus, die Wohnung und die Räume, die unser Zuhause sein sollen.

Psychologen wissen: Unsere Häuser sind Mitteilungen an die Umwelt, aber sie sind eben auch Botschaften an uns selbst – über uns selbst. Natürlich gestalten wir Umgebungen als Ausdruck unserer Persönlichkeit, um uns nach außen darzustellen. Aber wenn wir sie gestaltet haben, sollen sie uns zugleich immer wieder daran erinnern, wer wir sind, oder als Vorbild dienen für das, was wir sein könnten oder wollen: solide, unscheinbar, zurückhaltend, kunstsinnig, reich, extravagant, naturverbunden, elitär oder traditionsbewusst. Architektur, ein Rollenmodell. Und das in einem sehr umfassenden Sinn. Denn zugleich erzählt das Haus eine zweite Geschichte, im Zusammenwirken mit den Nachbarhäusern: Ob wir uns in die Gemeinschaft einfügen oder nicht, indem unser Haus sich bescheiden zurücknimmt, freundlich eingliedert, prächtig auftrumpft, überlegen heraushebt oder sich verschlossen abwendet. Das ist auch der Grund, warum über Architektur oft so emotional und heftig gestritten wird – weil wir hinter manchen Fassaden Charaktere vermuten, deren Werte und Visionen wir ablehnen.

Häuser, die herausstechen, sind eine Provokation.

Warum stellen Häuser eigentlich eine so intensiv empfundene Herausforderung an die Nachbarschaft dar? »Sie entwickeln eine raumbildende Kraft und prägen den Ort, an dem sie stehen«, erläutert der Ar-

Sich in Industriearchitektur zu präsentieren, ist zu einem Lieblingsspiel von Kreativen geworden. Chrom, weißes Leder und edle Unterhaltungselektronik schaffen dabei eine luxuriöse Ausstrahlung.

chitekturkritiker Manfred Sack. »Noch das allerprivateste Haus hat eine öffentliche Wirkung allein durch sein für jedermann sichtbares Dasein.« Zugleich berühre die äußere Gestalt von Gebäuden weniger diejenigen, die darin wohnen, als diejenigen, die sie passieren. Natürlich prägt auch ein Haus, das von den Anwohnern als Fremdkörper empfunden wird, den Ort. Und das ist das Problem. Die Nachbarschaft fühlt sich provoziert. Jemand weicht ab, hebt sich heraus. Man mutmaßt über den Grund für die abweichende Form des Hauses, schließt auf die Persönlichkeit der neuen Nachbarn, und selten sind die Vermutungen positiver Natur. Meist entsteht eine Kluft des Misstrauens, die zumindest in traditionell strukturierten Quartieren nur mühsam zu überwinden ist.

Immer mehr Menschen kümmern sich allerdings immer weniger um die Meinung ihrer Umwelt und setzen beim Bauen konsequent um, was ihnen als angemessene Gestalt ihres Zuhauses erscheint. Individualität bedeutet uns heute mehr als vielen Generationen vor

uns. Psychologen sehen dahinter zwei Lebensentwürfe im Konflikt: den Wir-Typ und den Ich-Typ. Für den Wir-Typ ist die Zugehörigkeit zu einer gewachsenen Gemeinschaft mit verbindlichen Normen und Wertvorstellungen das oberste Ziel. So wie man im selben Verein Tennis spielt und dieselben Lokale besucht, wohnt man in ähnlich gebauten und eingerichteten Häusern. Verstöße gegen diese gemeinsamen Regeln – einer streicht die Fassade orange und lässt seinen Vorgarten verwildern – würden die Mitgliedschaft in der Gruppe infrage stellen. Das ist das Konzept des Ich-Typen. Er beschwört seine Eigenständigkeit. Das Orange des Fassade und die Blumenwiese hinterm Zaun kann er zu seinem Markenzeichen erklären, den Nachbarn damit seine Unabhängigkeit vorführen und sich so die Eintrittskarte zu einer anderen Gemeinschaft verschaffen: der Gruppe der Individualisten.

Keine Frage: Im Zusammentreffen dieser beiden Gruppen steckt viel Sprengstoff. Die Wir-Typen sehen den Bestand ihrer Gemeinschaft bedroht. Nichts sprengt einen Rahmen

Wenn man es genau nimmt, haben wir es hier mit genormten Häusern einer Siedlung zu tun. Tatsächlich aber ist die Botschaft unmissverständlich: »Ich könnte jederzeit einfach davonsegeln.«

Die Botschaft dieser Inszenierung: »Seht her, ich brauche nicht viel, ich fülle den Raum mit meiner Persönlichkeit.« Aber vielleicht muss das TV-Gerät dabei manchmal helfen.

sinnfälliger als ein orangefarbenes Haus inmitten von lauter weißen. Zugleich spüren sie, dass die Ich-Typen auf dem Vormarsch sind – Ergebnis eines gesellschaftlichen Wandels, der durch Globalisierung, Internet und immer schnelleren Wechsel des Arbeitsplatzes die Lebensläufe der Menschen unkalkulierbar und weniger verbindlich macht. Soziale Strukturen lösen sich auf, zugleich drängen über die Medien und Fernreisen ständig neue Einflüsse auf uns ein, die es attraktiv erscheinen lassen, an der Promenade von Timmendorfer Strand ein japanisch anmutendes Haus zu bauen. So verwandeln sich Wir-Typen in Ich-Typen, Wohnquartiere mit einheitlich gestalteten Fassaden und Einrichtungen im Zuge des üblichen Generationenwechsels in Viertel, die wie Musterbücher der Architektur daherkommen, hier Folklore, da Bauhaus, hier Postmoderne, da Ökoarchitektur.

Vorausgesetzt, das ist erlaubt. Aber das ist es häufig nicht. Architekten können ganze Arien davon singen, wie einengend Bauvorschriften auf die Gestaltung eines Hauses wirken können. Da gibt es Bauordnungen, Baugesetzbücher, Bebauungspläne, Baunut-

zungsverordnungen, Gestaltungssatzungen, Planzeichenverordnungen und weitere örtliche Bauvorschriften. Sie können die Grenzlinien der Bebauung eines Grundstücks festlegen, die Bruttogeschossfläche, den Bruttorauminhalt, die Geschossigkeit, die Traufhöhe, die Dachform und -ausrichtung, das Material für Dach und Fassade, die Bauweise und schließlich die Nutzung. Kurzgefasst: Bauvorschriften sind, zumal in Deutschland, der Gesetz gewordene Wir-Typ.

Jeder repräsentiert. Immer. Man kann nicht »nicht repräsentieren«.

Welcher Typ sind Sie? Darüber wird später das Frage-Antwort-Spiel, das Sie bereits kennen, Auskunft geben. Welche Geste der Architektur die Ihre ist, wie Sie sich einfügen oder herausheben, ist ein wichtiger Teil der Persönlichkeit, auch wenn wir uns das nicht immer gerne eingestehen. »Das Bedürfnis nach Repräsentation ist meistens unbewusst«, berichtet die Feng-Shui-Beraterin Gudrun Mende. »Darauf angesprochen, reagieren viele Bauherren beschämt. Daher muss man diese Strukturen auch ganz vorsichtig hinterfragen.«

Wer hier wohnt, muss wohl ein sympathischer, be-
scheidener, liebevoller Mensch sein, oder? Das soll uns
jedenfalls dieser (zweifellos bezaubernde) Hof sagen.
Wie schön, wenn es auch noch stimmt.

Als Besitzer eines Hauses oder einer Wohnung werden wir naturgemäß stärker mit der Immobilie identifiziert denn als Mieter. Aber selbst Besucher bewerten die Fassade eines Mietshauses als Zeichen, als Hinweis auf den Charakter seiner Bewohner. Diesen Mechanismus kennen wir ja nur zu gut und suchen uns unsere Behausungen danach aus, ob sie uns denn entsprechen. Und wenn wir nur in einer Aufwallung von Trotz und Abwehr behaupten, das alles kümmere uns nicht und wir könnten auch in einem verfallenen Hinterhaus, als selbstbewusste Persönlichkeiten bestehen. Auch dies: ein Akt der Repräsentation.

»Man repräsentiert immer«, sagt Günter Hertel. »Man kann genauso wenig ›nicht repräsentieren‹, wie man nicht ›nicht kommunizieren‹ kann.« Wie stark das Motiv der Selbstdarstellung die Auswahl von Haus oder Wohnung beherrschen kann, illustriert er an einem Beispiel. »Ein Freund von mir wäre eigentlich gerne in ein Friesenhaus gezogen, das etwas unvermittelt und unpassend in seiner Nachbarschaft steht. Er hatte aber starke Vorbehalte, dort einzuziehen, weil er fürchtete, man würde dann über ihn so lachen wie jetzt über dieses ›deplazierte‹ Haus.« Und zog nicht dorthin.

In diesem Spannungsfeld von Anpassung und Individuation, wie Psychologen es nennen, gibt es viele Spielarten. Interessant ist die Geschichte von Christoph Duttler, der als Architekt die Signale, die ein Haus aussendet, bestens einzuschätzen weiß. Er und seine Frau Anette sind freundliche, zugängliche Leute, und so wirkt auch ihr Haus. In direkter Nachbarschaft zu einem Bauernhof nahe dem Starnberger See wollten sie keinen modernistischen Glaspalast, sondern bauten ein zweigeschossiges Holzhaus mit Fichtenholzverkleidung. Zunächst misstrauisch von den Dorfbewohnern beäugt, was denn da für eine »Ranch« gebaut würde, fügte sich das Paar ins Dorfleben ein, bis zum gemeinschaftlichen Aufstellen des Maibaums.

Allerdings, erzählte Anette Duttler, war zu Beginn ihres Lebens im Dorf die Distanz, die den Unterschied zwischen dem traditionell geprägten Baustil der Region mit seinen gedrechselten Balkonen und der zurückhaltenden Modernität des Hauses der Duttlers ausmacht, auch im täglichen Leben spürbar. »Unser Haus fügt sich ein, aber es macht sich nicht gemein. Genau wie wir.« Vor allem wollten sie ihre wahren Vorlieben sorgsam verbergen. Denn hinter der moderat bayrischen Fassade entfaltete sich mediterranes Flair mit Terrakottaböden, Fliesenmosaiken, Korbmöbeln und großen Palmen. »Manche Nachbarn würden in Ohnmacht fallen, kämen sie zu Besuch«, erzählte Anette Duttler. Der Spaß am Versteckspiel war ihr anzumerken. Die Fassade und die Einrichtung – zwei Welten. Das Innere nach außen kehren, der Persönlichkeit in der Gestalt des Hauses konsequent Ausdruck geben, das wollten Anette und Christoph Duttler nicht. Der Preis, der vielleicht nur das Befremden der Nachbarn gewesen wäre, vielleicht aber auch soziale Ausgrenzung, war ihnen zu hoch.

Der Drang nach Repräsentation hat uns wunderbare Bauten beschert.

Der Prozess, der da unbewusst in uns abläuft, ist von großer Bedeutung. Entscheidend wichtig ist die Frage, ob uns die Auseinandersetzung mit dem Wohnen hilft, unsere Persönlichkeit weiterzuentwickeln. Oder geht es vornehmlich darum, für die Öffentlichkeit eine Rolle zu spielen? Das ist einer der Gründe dafür, dass das Bedürfnis nach Repräsentation keinen guten Leumund hat. Zumindest in seiner übersteigerten Variante gilt es als Ausdruck mangelnder Ich-Stärke (wie man sie auch gerne den Besitzern besonders großer Autos zuspricht). In der Rangfolge der Wohnbedürfnisse setzte es der amerikanische Psychologe Abraham Maslow an die vierte von fünf Stellen und sparte nicht an Kritik. Maslow nannte es ein falsches Bedürfnis, weil es uns von der Konsumgesellschaft aufgezwungen werde, in der Anerkennung nur aufgrund von Konkurrenzgebaren errungen wird.

Der Psychoanalytiker Alexander Mitscherlich ging sogar noch weiter: Er geißelte ein übersteigertes Repräsentationsbedürfnis als »Wohn-Fetischismus«. Davon sei zu reden, wenn die Einrichtung, zum Beispiel mit großen, teuren, raumfüllenden oder kostbaren Möbeln, bestimme, wie viel Platz die Menschen zur Verfügung haben und wie unbekümmert sie die Dinge in ihrer Wohnung nutzen können. »Es sind all diese Fälle«, kritisierte Mitscherlich, »in denen anstelle geglückter Beziehungen von Person zu Person in der Familiengemeinschaft Dinge getreten sind.« Das Repräsentieren mit der Einrichtung verhindert das Leben darin.

Andererseits: Gäbe es das menschliche Bedürfnis nach Repräsentation nicht, gäbe es keine Pyramiden, keinen Petersdom, kein Versailles, kein Neuschwanstein, kein Chrysler-Building, keine Glaskuppel auf dem Berliner Reichstag, in der Sixtinischen Kapelle keine Fresken und im Louvre keine Sammlung beeindruckender Kunstwerke. Der unstillbare Drang der Reichen und Mächtigen, aller Welt von ihrem Reichtum und ihrer Macht zu künden, ist eine tragende Säule unserer Kultur. Und er ist aufgehoben in zahllosen Bauwerken von atemberaubender Wucht und Schönheit. Das Verlangen der Bürger, es ihnen im kleinen Maßstab nachzutun, hat uns schöne Innenstädte wie die von Lübeck, Goslar oder Quedlinburg beschert. Und jeder Wettbewerb für ein »Haus des Jahres« in Wohn- und Architekturzeitschriften belegt, wie sehr das Bedürfnis nach Repräsentation unsere gestaltete Umwelt belebt und bereichert.

Glaubt man dem Meinungsforschungsinstitut Gallup, sind Frauen für die Repräsentation mit Innenarchitektur besonders anfällig. Im Zuge einer Befragung sowie in zusätzlichen langen Interviews stellte sich heraus, welch enorm hohen Stellenwert das Wohnen im Leben von Frauen einnimmt. »Die Wohnung«, fasst Trendexpertin Andrea Baidinger zusammen, »ist für Frauen ein Statussymbol so wie das Auto für den Mann.« Dabei gebe es, fährt Baidinger fort, »innerhalb bestimmter Schichten oder Berufszweige Codes, die man sich gegenseitig gibt. Ikea als Einrichtungsmarke geht dabei gerade noch, aber bestimmte andere Marken wären beispielsweise für Architekten nicht zumutbar.« Wenn das jemand mitbekäme … Repräsentieren bedeutet ja: herzeigen. Und es funktioniert nach einer klar definierten Dramaturgie.

Die Dramaturgie der Selbstdarstellung

Da ist zunächst die Lage. Jedes Kunstwerk, ob Haus oder Gemälde, wirkt beeindruckender, wenn es ausreichend Platz um sich hat.

Dann die Fassade. »Hier sind Informationen gespeichert«, schreibt Barbara Kündiger in ihrem Buch »Fassaden der Macht«, »die vor dem Betreten auf den Betrachter wirken: ihm mitteilen, was ihn erwartet; ihn anlocken, einladen, abwehren, klein machen oder einschüchtern, die Machtherrlichkeit, Wehrhaftigkeit, Offenheit des Gebäudes symbolisieren.«

Dann die Treppe: Ein wirklich repräsentativer Bau hat eine, die dem Hausherrn seinen großen Auftritt ermöglicht.

Als Nächstes das Treppenhaus: Vor allem in Stadtvillen, die aufgrund der Enge der Bebauung nicht mit einem eigenen Park ihre Bedeutung dokumentieren konnten, war es besonders wichtig. Bezeichnend ist eine Szene aus »Buddenbrooks« von Thomas Mann, in der die Schwester des Senators zu Besuch in dessen neue Residenz kommt: »Über ihr (tat sich) das kolossale Treppenhaus auf, dieses Treppenhaus, das im ersten Stockwerk von der Fortsetzung des gusseisernen Treppengeländers gebildet ward, in der Höhe der zweiten Etage aber zu einer weiten Säulengalerie in Weiß und Gold wurde, während von

Stuck, Marmor, Messing und der Perser(-teppich) sind die Elemente, die traditionellen Werten ihren stimmungsvollen Ausdruck geben. Übrigens, so richten sich nicht nur Best Agers ein.

der schwindelnden Höhe des ›einfallenden Lichtes‹ ein mächtiger, goldblanker Lustre herniederschwebte (…). ›Vornehm!‹ sagte Frau Permaneder leise und befriedigt, indem sie in diese offene und helle Pracht hineinblickte, die ihr ganz einfach die Macht, den Glanz und Triumph der Buddenbrooks bedeutete.«

Und schließlich die Wohnräume: Ab dem 18. Jahrhundert ahmt das wohlhabende Bürgertum den Wohnstil des Adels nach. Die Zahl der Räume innerhalb des Hauses wächst. Eine eigene, besonders ausgestattete Zimmerflucht dient dem Empfang der Gäste.

Die Dramaturgie ist komplett: die Umgebung, die Fassade, die Treppe, der Eingangsbereich und die dahinterliegenden Wohnräume gleichsam als Höhepunkt. Was immer vorher an Pracht inszeniert wurde, hier kulminiert sie. Das ist die Logik der Repräsentation – wenn wir uns ihr, der Warnung von Alexander Mitscherlich eingedenk, denn hingeben wollen. Allerdings funktioniert das Ganze auch andersherum: in der Abwesenheit, ja, Verweigerung von Größe, Pracht und Herrlichkeit. Wenn an den Klöstern der Bettelorden im Mittelalter schlichteste Fassaden entstehen, sind auch diese Träger einer Aussage, demonstrativ als Zeichen der Armut gewählt. Oder auf der Pariser Weltausstellung von 1925, wo der große Modernisierer Le Corbusier einen Pavillon mit weißen Wänden ohne jeden Zierrat ausstattete – das Publikum war fassungslos. Hier repräsentierte einer die totale Ablehnung der bürgerlichen Sucht nach Repräsentation. Zwischen dem Prunk des Barocks, dem Stuck der Jahrhundertwende und diesem demonstrativen Purismus der Moderne bewegen wir uns. Und es gibt weitere Chiffren der Repräsentation: wilde Blumenwiesen vor Ökohäusern mit Holzfassaden etwa. Oder US-Villen, die in der Norddeutschen Tiefebene ein bisschen Dallas darstellen sollen. Oder die Friesenkate, das Schwarzwaldhaus. Jedes steht für einen anderen Lebensstil – oder zumindest für ein Bedürfnis nach einem anderen Lebensstil.

Interessante Versuche, Nachbarn und Passanten zu beeindrucken

Das ist das Problem. In einer Zeit, in der wir mit der passenden Software und ein paar Mausklicks am Bildschirm unser Traumhaus entwerfen können, stellt sich die Frage: Welche Identität soll es denn sein? Zumal die Verbindlichkeit eines Geschmacks, die früher das Bauen geprägt hat, verloren gegangen ist. »Es gibt nicht mehr diese relative Einheitlichkeit in der Architektur im Sinne von Stilepochen«, hat Riklef Rambow beobachtet und kann sich leisen Spott nicht verkneifen. »Deswegen findet man in manchen Wohnquartieren auch die interessantesten Versuche, Nachbarn und Passanten zu beeindrucken. Die Neureichen-Architektur mit Elementen des Neo-Klassizismus, wie sie uns auch in den Traumhaus-Typen der Fernsehlotterie präsentiert wird, überwiegt zahlenmäßig wahrscheinlich gegenüber der avancierten, modernen Architektur, bei der ein Bauherr sich eben bewusst im avantgardistischen Sinn repräsentieren will.« Dabei konstatiert Rambow einen schwierigen Konflikt. »Das Bedürfnis nach Repräsentation und das Bedürfnis nach Geborgenheit widersprechen sich. Wenn ich Eindruck schinden will, muss ich mich bzw. das Gebäude öffnen. Wenn mich die Leute sehen sollen, sitze ich eben auf dem Präsentierteller.« Das gilt zumindest für die Anhänger der aktuell so angesagten Glaspaläste.

Dort fühlen sich, wie wir in früheren Kapiteln gesehen haben, nun wirklich nicht alle wohl, und so gilt es für alle anderen, Stilmittel der Architektur zu identifizieren, die ein standesgemäßes Auftreten ermöglichen, ohne das Schutzbedürfnis zu missachten. Große Räume etwa lassen sich gliedern, kleinere kann man mithilfe von Schiebe- oder Flügeltüren verbinden. Auch die große Fensterfront ist kein Diktat, sondern nur ein Stilmittel moderner Architektur, das zwar optisch beeindruckt, aber nicht jedem guttut. Ein großer Wohnraum mit mehreren bodentiefen, eher schmalen Fenstern, kann ebenso hell, großzügig und stilvoll wirken, zugleich aber mehr Geborgenheit ausstrahlen. So nimmt die Altbauvilla für sich ein.

Aber was ist mit dem Hauswürfel, den eine fast komplett geschlossene Fassade, verkleidet mit rostigen Stahlplatten, zur Straße hin abschottet? Nicht Ihr Geschmack? Das geht vielen Menschen so. Würden Sie den Eigentümer sympathisch finden? Eher nicht? Aber vielleicht, wenn Sie erfahren (oder erleben),

dass sich hinter der abweisenden Fassade ein großzügiges Raumkonzept mit wunderbarem Blick in die Landschaft öffnet? Riklef Rambow öffnet eine Tür zu all jenen, die uns eigentümlich vorkommen und befremden. Er sagt: »Es geht nicht um Geschmack, sondern um Stimmigkeit. Es gibt Menschen, die können sich ›unmöglich‹ kleiden, aber es ist einfach stimmig. Es fällt einem auf, aber es stört nicht.« Vielleicht bereichert es sogar.

Wer seinen Stilwillen so pointiert umsetzt, braucht eine starke Persönlichkeit, denn das Misstrauen der Nachbarn ist ihm gewiss. Ob zu Recht oder nicht: Sie lesen aus dieser Fassade den Egomanen, der sich um keinen Preis einfügen will.

Wie möchten Sie sich Ihren Nachbarn, Ihrer Umwelt vorstellen: mit der sympathischen Bauernkate oder dem prächtigen Herrenhaus? Welche Geste soll Ihr Zuhause machen und welchen Ausdruck Ihrer Persönlichkeit vermitteln? Wählen Sie jeweils aus den vier Antworten auf die Fragen, die nun folgen, und seien Sie gespannt auf die Auswertung.

Zum Ausdrucken oder Herunterladen finden Sie den Test auch im Internet unter www.dva.de/wohntyp.

1. Was ist Ihnen besonders wichtig?
1 Zuverlässigkeit
2 Mut
3 Mitgefühl
4 Leidenschaft

2. Wo möchten Sie Ihr Haus bauen?
1 In der Nähe meiner Familie.
2 In einer Baulücke in einem gewachsenen Viertel.
3 In einem Viertel, das zu meinem sozialen Status passt.
4 In Alleinlage.

3. Sie gehen durch ein Wohnviertel und sehen ein Haus, dessen Architektur sich deutlich von den anderen absetzt. Was denken Sie?
1 Da hat sich mal jemand etwas getraut.
2 So etwas gehört sich nicht, man sollte die Konventionen wahren.
3 Ich weiß nicht, ob ich diese Bewohner als Nachbarn möchte.
4 So etwas stört mein ästhetisches Empfinden.

4. Sie bekommen ein Baugrundstück in einem Neubaugebiet angeboten. Unter welcher Voraussetzung greifen Sie zu?
1 Wenn dort eine Nachbarschaft entsteht, in der ich mich wohlfühle, zum Beispiel mit vielen gleichgesinnten Familien.
2 Wenn ich dort ein Haus ganz nach meinen Vorstellungen bauen kann.
3 Wenn ich sicher sein kann, dass ein harmonisches Gesamtbild der Siedlung entsteht – was ja meistens nicht der Fall ist.
4 Wenn die Grundstücke so groß sind, dass ich reichlich Abstand zu den Nachbarn habe.

5. Von welchem Haus träumen Sie?
1 Betonkubus
2 Architektenhaus
3 Bauernkate
4 Herrenhaus

6. Solarkollektoren auf Dächern sieht man immer häufiger. Wie finden Sie das?
1 Ich mag sie nicht so gerne leiden, aber der Umwelt und dem Konto hilft es ja.
2 Prima! Man sieht gleich, wer technisch auf der Höhe ist.
3 Die Technik finde ich gut, aber warum müssen die Dinger immer das Dach verschandeln?
4 Scheußlich, es muss doch eine ästhetisch überzeugendere Lösung für das Problem geben.

7. Sie besuchen Freunde in einer Reihenhaussiedlung, in der jeder die Fassade seines Hauses anders gestaltet hat. Was geht Ihnen durch den Kopf?
1 Manche haben Geschmack, andere nicht.
2 Wäre es nicht schöner, wenn sich die Nachbarn besser miteinander absprechen würden?
3 Manche müssen ja wohl immer aus dem Rahmen fallen.
4 Noch ein Grund, weswegen ich nicht in ein Reihenhaus ziehen würde.

8. Was ist Ihnen an Ihrem Garten am wichtigsten?
1 Ein gepflegtes Erscheinungsbild.
2 Üppig blühende Natur.
3 Eine ungewöhnliche Gestaltung.
4 Klare Strukturen und Schutz vor Einblicken.

Der große Wohntest

9. Bei welcher Beschreibung des Eingangs würden Sie spontan denken »Ja, hier wohne ich!«?
1 Eine simple Türöffnung in einer ansonsten geschlossenen Fassade.
2 Großzügige Auffahrt, breite Treppe, prächtige Haustür.
3 Eine schöne Holztür mit einem Klingelschild, auf dem die Namen aller Bewohner stehen.
4 Ein besonderer Vorgarten und ein Fensterband neben der schlichten Tür.

10. Sie sind bei neuen Bekannten zum Essen eingeladen. Es gibt ein feines Menü, man isst im Esszimmer. Was denken Sie?
1 Die Leute sind nett, das Essen ist gut, aber so förmlich muss ich es nicht haben.
2 Das ist ja steif hier.
3 Es gibt noch Leute mit Stil, die wissen, wie man Gäste gut bewirtet.
4 Wie altmodisch!

11. Welchen Eindruck sollen Gäste von Ihnen bekommen?
1 Der hat Erfolg im Leben.
2 Was für ein entspannter Gastgeber.
3 Bei euch ist es immer so gemütlich.
4 Das ist doch mal ein Typ mit Charakter.

12. Welche Adjektive passen am besten zur Ausstrahlung Ihres (zukünftigen) Hauses?
1 Solide und stilvoll
2 Selbstbewusst und eigenständig
3 Sympathisch und kreativ
4 Offen und großzügig

13. Es kommt Besuch. Was ist Ihnen besonders wichtig?
1 Dass alles picobello ist.
2 Eine warme Atmosphäre.
3 Dass meine Persönlichkeit spürbar ist.
4 Dass ich gut in Form bin.

14. Welches Möbel hat das Zeug zu Ihrem Lieblingsstück?
1 Eine edle Vitrine
2 Mein Sessel
3 Ein rustikaler Esstisch
4 Eine Polsterbank

15. Der Nachbar hat sich ein sehr schickes neues Auto gekauft. Was denken Sie?
1 Angeber!
2 Was interessiert mich das Auto des Nachbarn?
3 Dem werde ich gleich mal gratulieren.
4 Echt schick, würde ich gerne mal Probe fahren.

16. Stellen Sie sich vor, Sie wohnen in einem der kleineren Häuser in Ihrer Straße. Wie finden Sie das?
1 Viel schlimmer fände ich, wenn es eines der langweiligsten wäre.
2 Wenn ich ehrlich bin: Das stört mich. Es muss nicht das größte sein, aber im kleinsten würde ich mich nicht wohlfühlen.
3 Wie groß die anderen Häuser sind ist mir nicht so wichtig, Hauptsache, ich habe genug Platz für mich.
4 Bescheidenheit ist doch keine Schande.

Die Auswertung

Überprüfen Sie, welche Ziffer welchem Buchstaben entspricht, und zählen Sie, wie oft Sie einen Buchstaben angekreuzt haben. Je häufiger ein A, B, C oder D in der Auswertung auftaucht, umso mehr neigen Sie der Art von Repräsentation zu, für die dieser Buchstabe steht. Was sich dahinter verbirgt und wie Sie Ihr Wohnumfeld optimal darauf abstimmen können, lesen Sie auf den nächsten Seiten.

Antwort	1	2	3	4
1.	B	D	A	C
2.	A	C	B	D
3.	D	B	A	C
4.	A	B	C	D
5.	D	C	A	B
6.	A	B	C	D
7.	C	A	B	D
8.	B	A	C	D
9.	D	B	A	C
10.	C	A	B	D
11.	B	C	A	D
12.	B	D	A	C
13.	B	A	D	C
14.	B	D	A	C
15.	B	D	A	C
16.	C	B	D	A

A. Der natürliche Typ
Der Kranz an der Haustür

Das Haus, in dem Sie wohnen, soll freundlich, einladend und sympathisch wirken. Das zeigen Sie gerne durch einen Kranz an der Haustür und einen Blumenkübel auf dem Treppenabsatz. Sie fügen sich in eine Nachbarschaft ein, weil Sie als Teil der Gemeinschaft wahrgenommen werden möchten. Sie sind aufgeschlossen, natürlich und unkompliziert, Sie haben immer ein offenes Ohr für andere und eine offene Tür. Sie bekommen gerne Besuch und wollen, dass sich bei Ihnen jeder zu Hause fühlt. Sie möchten mit Ihrem Haus oder Ihrer Wohnung nicht aus dem Rahmen fallen und verhelfen ihrem Zuhause mit Ihrer Kreativität doch zu einer persönlichen Note. Ein wichtiges Element Ihrer Repräsentation ist die Dekoration, die Sie sehr individuell gestalten – mit Blumen und neuen schönen Accessoires, die Sie immer wieder aufstöbern. Wenn Gäste kommen, mögen Sie es, wenn sich eine fröhliche, bunte Runde einfindet, in der jeder spontan mithelfen kann, wenn er mag.

Unsere Tipps
► Unterschätzen Sie bei der Wohnungs-, Haus- und Grundstückssuche nicht die Lage. Weil Sie ein geselliger Typ sind, weil Sie die Gemeinschaft brauchen.
► Wählen Sie Haus und Grundstück nicht zu groß, denn Geborgenheit geht Ihnen über Großzügigkeit. Lassen Sie das Grundstück einwachsen und gliedern Sie den Garten durch Büsche, Hecken, Blumen oder Mauern. Hier können Sie Sitzplätze für wunderbare Nachmittage und Abende mit Freunden und Familie gestalten.
► Auch wenn Sie es gerne kuschelig haben: Der Eingangsbereich sollte groß genug sein,

damit Sie hier auch mal mehrere Personen gleichzeitig begrüßen können, ohne dass der Letzte noch vor der Tür steht. Auch die Garderobe aller Bewohner und Besucher sollte hier ausreichend Platz finden.

► Mit einer offenen Küche tun Sie sich keinen Gefallen, auch wenn dieser Grundriss sich gut für Feiern eignet. Im Alltag, der ja für das Lebensgefühl in einem Haus viel bedeutsamer ist, haben Sie dann aber weder beim Kochen noch im Wohnzimmer Ihre Ruhe.

► Wählen Sie Bodenbeläge, Fliesen, Wände und Schränke, vor allem in der Küche, eher schlicht. So kommen die Bilder, Möbel und Accessoires, mit denen Sie Ihr Haus beleben, viel besser zur Geltung.

► Großen Räumen können Sie mit Wandbespannungen aus Stoff mehr Wärme und Ruhe verleihen. Das schafft eine außergewöhnliche Atmosphäre.

► Trauen Sie sich, Ihre persönlichen Wünsche, wie Sie sich darstellen möchten auch gegen Widerstände zu behaupten. Es wird Ihnen guttun.

► Ihr Partner teilt Ihre Leidenschaft für üppige Fülle und Schönheit nicht und fühlt sich beengt? Dann verzichten Sie nicht auf Ihren Stil, sondern tauschen Sie lieber mal die Dinge aus, die Sie gerne um sich haben, als dass Sie ihn bedrängen.

B. Der traditionelle Typ
Mit Stil das Besondere schaffen

Man kann sich auf Sie verlassen, und Sie wollen sich auf andere verlassen können. Auch für Ihr Zuhause schätzen Sie Dauerhaftigkeit und Solidität. Traditionelle Konzepte geben Ihnen ein gutes Gefühl. Sie mögen Stilelemente wie einen Portikus über dem Eingang, eine prächtig gearbeitete Haustür oder eine umlaufende Veranda, die schon von Weitem das Besondere Ihres Hauses sichtbar macht. Wichtig ist Ihnen ein großzügiger Eingangsbereich, wo Sie Gäste angemessen empfangen können. Die Treppe nach oben kann breit und geschwungen sein, das unterstreicht noch die einladende Atmosphäre. Das Wohnzimmer ist bei Ihnen der repräsentativste Raum im Haus, zum Essen setzten Sie sich aber lieber ins Esszimmer. Die Küche ist den Gastgebern vor-

Eine eindrucksvolle Inszenierung von Stil, Komfort und Technik schmückt den traditionellen Typ. Dabei hat er eine Vorliebe für Symmetrie und Gleichmaß.

behalten. Wichtig ist für Sie auch eine stilvolle Anlage des Gartens, zumal des Vorgartens, wo symmetrisch angeordnete Kugelakazien, akkurat beschnittene Buchsbäume oder auch Steinfiguren Ihren Anspruch unterstreichen.

Unsere Tipps

► Es macht Ihnen Freude, wenn Sie anderen helfen können, auch innerhalb der Nach-

barschaft. Daher passt zu Ihnen kein Haus in Alleinlage.

► Wenn Sie ein Faible für klassische regionale Stile wie die toskanische Villa oder das Schwarzwaldhaus haben, prüfen Sie genau, ob ein solches Haus in die Umgebung passt. Manchmal reicht es schon, ein Stilelement wegzulassen, damit es sich besser in die Nachbarschaft einfügt – so, wie Sie es sich für sich und Ihre Familie ja auch wünschen.

► Lassen Sie sich nicht dazu verleiten, von außen nach innen zu entwerfen. Versuchen Sie, bei der Planung immer im Auge zu behalten, welche Gewohnheiten Sie haben, welche Abläufe in Ihrem Haus funktionieren müssen.

► Wählen Sie Ihr Grundstück nicht zu groß – oder planen Sie mit einem Gärtner! Unterschätzen Sie die Arbeit nicht, die es macht, einen Garten immer gepflegt aussehen zu lassen, wie es Ihnen wichtig ist.

► Schiebetüren zwischen den Räumen können für mehr Großzügigkeit sorgen, die Sie bei Feiern schätzen.

► Bei der Entscheidung für die Größe des Wohnzimmers stehen Sie vor dem Widerspruch zwischen dem Bedürfnis nach repräsentativer Großzügigkeit und dem nach Gemütlichkeit. Gliedern Sie einen großen Raum mit Nischen, Raumteilern oder unterschiedlichen Niveaus. Sehr große und hohe Räume, die mit Holzpanelen vertäfelt sind, vermitteln Ihnen mehr Nähe und Wohnlichkeit.

► Verzichten Sie auf große ungeteilte Fensterfronten. Mehrere nebeneinander angeordnete bodentiefe Fenster oder große Fenster mit kniehoher Fensterbank wirken auch sehr ansprechend, entsprechen aber eher Ihrem Bedürfnis nach Sicherheit.

► Wählen Sie bei Vorhangstoffen eher das schwere, edle Material. Es strahlt Stil, Ruhe und Schönheit aus.

C. Der ungebundene Typ
Das Haus als Bühne

Sie bewegen sich sicher auf dem schmalen Grad zwischen Individualität und Anpassung. Sie wollen Ihre Träume bei der Gestaltung Ihres Hauses verwirklichen, aber wenn Sie nicht in Alleinlage bauen, achten Sie auch darauf, dass sich Ihr Haus trotz aller Originalität in das Bild des Quartiers einfügt. Es reichen Ihnen wenige, ungewöhnlich gestaltete Akzente an der Fassade – eine Außenleuchte, das Geländer am Treppenabsatz, die Farbe der Fensterrahmen –, um zu signalisieren: »Ich bin unkonventionell.« Sie sind zudem unkompliziert und offen und laden gerne ein, egal ob Freunde, Familie oder Kollegen. Diese Großzügigkeit sieht man Ihrem Haus, Ihrer Wohnung an. Die Haustür ist groß, die Fenster sind es, ebenso das Wohnzimmer und die Terrasse. Beengt fühlt sich bei Ihnen niemand.

Hauptsache, jeder findet Platz. Wenn der ungebundene Typ ein Gartenfest gibt, muss es keine einheitliche Stuhlreihe sein. Wichtiger sind die Lampions, die abends den Tisch illuminieren.

Die Leichtigkeit und Stilsicherheit, mit der Sie einen gelungenen Mix aus ruhiger Atmosphäre und selbstbewussten Akzenten gestalten, beeindruckt andere Menschen – und das ist durchaus beabsichtigt. Ihr Haus ist Ihre Bühne. Hier geben Sie den entspannten, witzigen Kenner von Kunst, Wein oder gutem Essen.

Unsere Tipps

- ► Da Ihr Haus offen gestaltet ist, spielt die Umgebung eine umso wichtigere Rolle. Achten Sie also bei der Auswahl des Grundstücks oder Hauses darauf, welche Ausblicke Sie in das Quartier und die Nachbarschaft haben werden.
- ► Bei einem so offenherzigen Haus spielt die Gestaltung des Gartens eine große Rolle. Er sollte nicht zu klein sein, damit sich die Großzügigkeit des Hauses außen fortsetzen kann, er sollte aber auch die Atmosphäre des Interieurs aufnehmen und fortsetzen.
- ► Die Gartengestaltung kann eine schöne Aufgabe für einen Landschaftsarchitekten sein.
- ► Der Eingangsbereich sollte groß genug sein, um mehrere Gäste gleichzeitig zu empfangen. Bei Altbauten können Sie mithilfe eines modern gestalteten Anbaus so zugleich dem Haus einen neuen Auftritt verschaffen. Die Haustür darf gerne überdimensioniert sein – ein spannender architektonischer Akzent!
- ► Ein Tresen, der die Küche vom Wohn- und Essbereich abtrennt, hat für Sie gleich mehrere Vorzüge. Hier können Sie den ersten Drink vor dem Essen servieren. Zugleich verstellt er aber auch, richtig platziert, den Blick auf das Küchenchaos, wenn Sie mit Gästen am Esstisch sitzen.
- ► Wenn Sie Kunst, Kunstgewerbe oder auch originellen Trödel um sich haben, achten Sie besonders auf die Wandfarbe. Nicht immer bringt Weiß die Objekte am besten zur Geltung, ein sanfter Grauton lässt sie viel stärker strahlen.
- ► Überraschen Sie mit ausgefallener, ungewöhnlicher Haptik: Lederfliesen auf dem Boden, Türdrücker aus Holz oder Teppichboden im Bad (natürlich außerhalb des Spritzwasserbereichs).
- ► Licht schafft Stimmung, und je vielfältiger die Beleuchtung, umso größer die Variabilität ihrer Wirkung. Sorgen Sie daher für einen Mix aus direkter und indirekter Beleuchtung, sanftem und klarem Licht, am besten alles mit Dimmer.

D. Der rationale Typ
Kompromisslos eigenständig

Sie sind selbstbewusst genug, so zu bauen, wie es Ihnen gefällt, egal, was die Nachbarn denken – falls es überhaupt direkte Nachbarn gibt, denn am liebsten bauen Sie in Alleinlage. Sie schätzen keine starren Vorgaben, denn Ihr Gestaltungsstil ist unkonventionell. Aus Ihrem Hang zum Purismus in Kombination mit Ihrer Rationalität ergeben sich klare Linien und große, freie Wand- und Glasflächen. Wenige bauen so wie Sie, deshalb fällt Ihr Haus auf jeden Fall auf. Dabei möchten Sie gerne für sich sein, was man der fast geschlossenen Straßenfront auch ansieht. Sie öffnen das Haus lieber zum Garten und zur Landschaft. Wer es betritt, wird von der Offenheit, der Größe und der Klarheit beeindruckt sein. Sie legen Wert auf Qualität, die sich nicht aufdrängt, und das auch bei Einladungen. Anstatt mit Austern und Champagner aufzutrumpfen, legen Sie Wert auf Qualität aus der Region und ein stimmiges Konzept für das Buffet.

Unsere Tipps

- ► Horchen Sie in sich hinein. Ihr reduzierter Stil ist ungewöhnlich und für manche Menschen befremdlich. Aber Sie brauchen das, Kompromisse machen Sie nicht glücklich.
- ► Ihre Art zu gestalten wird in gewachsenen Quartieren mit homogener Bebauung leicht als Provokation aufgefasst. Das ist für Sie kein großes Problem – für Ihren Partner auch nicht?
- ► Viele Bebauungspläne setzen den Ideen, die Sie für Ihr Haus haben, sehr enge Grenzen.

- Lassen Sie sich besser nicht auf Vorgaben ein, mit denen Sie später unzufrieden wären.

► Wenn Sie bauen, dann setzen Sie das Haus möglichst weit nach vorne auf das Grundstück, denn mit einem Vorgarten können Sie nichts anfangen.

► Altbauten, ob Häuser oder Wohnungen, haben längst nicht immer die Raumgrößen, die Sie brauchen. Lassen Sie sich davon nicht schrecken: Wände kann man entfernen, Decken lassen sich öffnen.

► Auch wenn Sie ein Purist sind und eine Vorliebe für die sogenannten Nicht-Farben haben: Vermeiden Sie Schwarz-Weiß-Kontraste. Sie wirken überraschend spießig.

► Gerade in großen Räumen kommen grobe, »ehrliche« Materialien sehr gut zur Geltung: naturbelassenes, womöglich sägeraues Holz, getrommelte Steine, unverputztes Mauerwerk.

► Häuser in Alleinlage stehen natürlich meist weit außerhalb. Das bedeutet auch, dass Gäste häufiger über Nacht bleiben. Wo sollen sie schlafen? Am besten in einem eigenen Bereich oder Nebengebäude.

► Eine geschlossene Straßenseite lässt ein Haus leicht schroff und abweisend wirken. Diesen Eindruck können Sie mit Bepflanzung, etwa mit Bambus, und einem breiten, gut beleuchteten Weg abmildern. Das wissen auch Ihre Gäste zu schätzen.

Zutritt bitte nur auf Einladung! Man ahnt schon, dass sich hinter dieser Fassade attraktive Räume öffnen, aber die gibt der rationale Typ nur Familie und Freunden preis.

Projekt Traumhaus

Beziehungsarbeit am Bau

Die Entscheidung, in die eigenen vier Wände zu ziehen, ist für Paare eine Stunde der Wahrheit. Hier wird alles geprüft, was eine Beziehung ausmacht: Vertrauen, Toleranz, Konfliktfähigkeit, Geduld, Belastbarkeit. Eine wunderbare Chance für die Liebe. Aber leider auch ein statistisch belegbares Scheidungsrisiko. Haus fertig, Ehe auch? Ach, das müsste doch zu vermeiden sein ...

Haben Sie schon mal beobachtet, wie unterschiedlich Häuser aussehen, die von Jungen und Mädchen im Spiel gebaut werden? In ihrem Bestseller »Warum Männer nicht zuhören und Frauen schlecht einparken« haben Allan und Barbara Pease es plastisch beschrieben: »Wenn ein Mädchen etwas baut, dann ist das normalerweise ein langes, nur undeutlich umrissenes Gebäude, bei dem es vor allem um die Menschen geht, die sich das Mädchen in dem Gebäude vorstellt. Jungen machen dagegen einen regelrechten Wettbewerb daraus, bei dem jeder versucht, ein größeres und höheres Bauwerk als der Junge neben ihm zu errichten.« Die Erklärung der Autoren: Mädchen interessieren sich für Menschen, Jungs für Sachen. Wie also kann das funktionieren, wenn beide erwachsen geworden sind und als Mann und Frau ein gemeinsames Haus bauen wollen?

Es funktioniert ja nicht. Na ja, selten. Auf jeden Fall selten reibungslos. Zwar ist das Vorhaben, ein gemeinsames Haus zu bauen, der Inbegriff einer jeden Partnerschaft, ein Urtrieb, den allermeisten Lebewesen in die Gene einprogrammiert. Die Erfahrung eines jeden Architekten beweist freilich, dass es kaum eine

Aufgabe gibt, die zehrender ist, als das ganz normale Ehepaar auf seinem Weg in die selbst geplanten eigenen vier Wände zu begleiten. Das Problem ist nicht zu unterschätzen.

»Ein Haus ist ein sehr komplexes Gebilde, das zahlreiche Entscheidungen verlangt«, erläutert die Architektin Gisela Humpert, mit Paaren am Bau gut vertraut. »Die Partner müssen sich über vieles einig werden. Das ist eigentlich eine wunderbare Aufgabe, die viel Spaß macht, jede Menge Hoffnungen auf das gemeinsame Leben in diesem Haus wecken kann, eine Aufgabe, an der die Partnerschaft wächst. Das kann aber auch ungelöste Konflikte zutage bringen.« Weil jedes Paar, das baut, Antworten auf grundlegende Fragen seines Zusammenlebens geben muss: den Lebensstil, die Vorstellungen für die nächsten zehn oder gar zwanzig Jahre, die Art, wie die Partner ihren Alltag und Umgang miteinander räumlich organisieren. Darauf sind selbst Menschen, die über eine der größten Investitionen ihres Lebens entscheiden sollen, häufig nicht vorbereitet. Früher gab es den Satz ›Wer eine gute Frau hat, hat auch ein gemütliches Zuhause‹, aber seit sich die Rollen vermischen, sich die Gesellschaft immer stärker individualisiert, wird Bauen und Einrichten immer schwieriger. Das Aufbrechen der tradierten Muster, die Chance, sich dank eines vielfältigen Angebots das eine, das ideal zur Familie passende Haus zu gestalten, das alle Wünsche erfüllt und der Partnerschaft ein Zuhause für seine glückliche Zukunft bietet: Das macht es so kompliziert. Der hohe Anspruch, das perfekte Haus, die perfekte Wohnung zu bauen, umzubauen oder einzurichten, kann sich als große Belastung erweisen. Wenn nämlich beide feststellen, dass sie darunter etwas völlig anderes verstehen.

Sollten Paare, die bauen wollen, erst einmal zum Therapeuten?

Verwunderlich ist das nicht. Auch Sie werden es festgestellt haben. Wie hoch war wohl bei den 77 Fragen, die Ihnen in den fünf Kapiteln zuvor gestellt wurden, die Übereinstimmung mit Ihrem Partner, Ihrer Partnerin? Eher nicht so groß? Das ist normal. Sie sind ja beide eigenständige Persönlichkeiten. In die Erwartungen ans eigene Wohnumfeld fließen so viele verschiedene Prägungen ein, dass dieselben Ansichten über Fassade, Grundriss und Gestaltung bei zwei Partnern ähnlich wahrscheinlich sind wie ein Sechser im Lotto. Nur vielleicht nicht so glückverheißend, denn die totale Übereinstimmung kann im Paaralltag natürlich auch totale Langeweile bedeuten. Manche Wohnbedürfnisse sind freilich nur schwer miteinander vereinbar. Eine Friesenkate wird keine zweigeschossige Wohnhalle aufweisen, und eine Glasfront verweigert

einem ängstlichen Menschen jeden Schutz. Wenn zwei Menschen, die miteinander leben wollen, so unterschiedliche Wünsche haben, bleibt ihnen nichts als einen für beide tragbaren Kompromiss zu erarbeiten. Die Fähigkeit, sich über das gemeinsame Haus, ja, auch nur über die Einrichtung einer Wohnung zu einigen, ist dabei auch ein Indikator für den Zustand der Partnerschaft. »Um es philosophisch auszudrücken«, so die Psychologin Eva Wlodarek, »muss man irgendwo in der Wohnung einen Ort finden, der dem tiefsten Innern entspricht. Und wenn das mit dem Partner nicht zu realisieren ist, liegt die Vermutung nahe, dass man den falschen Partner hat.«

Paare, die bauen wollen, sollten eigentlich erstmal zum Familientherapeuten, findet die Architektin Gesine Lingens. »In unserem Beruf müssen wir immer wieder die Arbeit eines Vermittlers zwischen widerstreitenden Interessen leisten.« Die Innenarchitektin Kerstin Nordt bestätigt diese Erfahrung: »Wer in unserem Beruf nicht bereit ist, auch ein bisschen Paartherapeut zu spielen, hat's schwer.« Es sei schon erstaunlich, wie schlecht sich viele Ehe-

Besitzer von Bauwagen, lehrt uns die Demoskopie, gelten als besonders sympathisch. Wer mit ihnen zusammenwohnen möchte, steht freilich vor einem Problem, das etwa 8 mal 2,50 Meter groß ist.

paare auf einen Hausbau vorbereiteten, findet auch die Architektin Karin Gerhardt, Expertin für frauen- und familiengerechtes Bauen. »Die angeblich klaren gemeinsamen Vorstellungen, mit denen viele Paare zu mir kommen, erweisen sich bereits im ersten Gespräch als nicht tragfähig. Selbst so grundsätzliche Fragen nach der Größe des Hauses, ob eine Wohnküche oder eine offene Küche gewünscht sind, stellen sich als ungeklärt heraus.« Gisela Humpert, ebenfalls Architektin, hat Ähnliches erlebt. »Wenn das Paar dann so vor mir sitzt, kommen sehr private Dinge zur Sprache. Da heißt es ›Wollen wir eigentlich noch mehr Kinder? Und wie viele?‹ Das kommt häufiger vor, vorzugsweise, wenn ich nach der Zahl der Räume im Obergeschoss frage. Neulich sagte eine Frau, ›Och, gerne noch zwei‹, und der Mann lächelte ziemlich überrascht. Die Paare müssen sich erst wieder in zwei Individuen trennen, die jedes für sich seine Bedürfnisse benennt. Erst dann kann man auf die Suche nach gemeinsamen Lösungen gehen.«

Viele Probleme zwischen den Partnern kommen erst durch ihre Fragen ans Tageslicht, hat die Innenarchitektin Antje Monz beobachtet. Da gab es etwa den 55-jährigen Ehemann, der sich dem Geschmack seiner Frau angepasst hatte, aber in der Umgestaltung des Hauses endlich die Chance gekommen sah, seine leidenschaftlich gesammelten Modellboote aus den Kisten zu holen. Wie gerne er sie ausstellen würde, hatte er nie gesagt, seine Frau den Wunsch zwar gespürt, aber unbewusst immer unterbunden. Oder die Geschichte mit der riesigen Zimmerpflanze in der großen alten Badewanne, die Gisela Humpert auf einem Rundgang durch ein Haus, das sie modernisieren sollte, entdeckte. »Wir boten an, die Pflanze aus der Badewanne zu heben, weil wir dachten, die stand da nur zum Wässern und der Hausherr hätte sie alleine nicht herausheben können. Es stellte sich heraus: Die Pflanze sollte dort stehen, damit die Badewanne erstmal nicht benutzt wird. Weil der Hausherr auf niedrigen Energieverbrauch besonderen

Wert legt und baden in einer so großen Wanne sehr viel Wasser und Energie kostet. Aber das wollte er mit seiner Frau nicht auskämpfen.«

Es kann ja für eine Beziehung durchaus sinnvoll sein, dass manche Konflikte eine Weile in der Schwebe bleiben. Beim Bauen schafft das allerdings Probleme. Wenn einer der Partner zu spät damit herausrückt, dass er sich ein kleines Zimmer ganz für sich alleine wünscht, ist das nachträglich nicht mehr zu realisieren. Diesen Wunsch muss er gleich zu Beginn äußern und den Konflikt, der womöglich um die nötigen Quadratmeter ausbricht, durchstehen.

Die sieben Todsünden von Paaren am Bau

Unklar zwischen Partnern ist häufig, wie viel Raum gebraucht wird. Der eine ist Jäger und Sammler und braucht dafür eigentlich einen Keller. Der kostet aber viel Geld. Risikobereitschaft und Sicherheitsbedürfnis sind häufig sehr unterschiedlich ausgeprägt: Wie stark sollen wir uns verschulden? Soll alles Geld ins Haus gehen oder noch genug für Theater, Kino und Urlaub übrig sein? Bemerkenswert übrigens, dass häufig die Männer, die ja meist für den größten Teil des Einkommens sorgen, mehr auf Sicherheit setzen, während die Frauen sagen: »Das müssen wir jetzt investieren, weil das für die Alltagsqualität wichtig ist. Das schaffen wir schon.«

»Die Leute gehen den eigentlichen inhaltlichen Konflikten aus dem Weg«, hat Günter Hertel erkannt. »Sie wollen die Auseinandersetzung um die familieninternen Probleme vermeiden – sie wollen ja bauen! Und wenn sie sich erst an die Bearbeitung ihrer Probleme machen, wird das mit dem Bauen womöglich nichts mehr.« Wie bei jenem Paar, bei dem der Ehemann in einer seiner ersten Skizzen für das neue Haus tatsächlich die Küche vergessen hatte. »Dafür war das Arbeitszimmer so groß, dass locker auch noch eine Küche reingepasst hätte«, erinnert sich Hertel. »Da habe ich mich schon gefragt, was das für die

Manche Interieurs werfen Fragen auf. Etwa diese: »Hier wohnt ohne Zweifel ein interessanter Mensch, aber passt in die Inszenierung seiner Persönlichkeit noch jemand (zum Beispiel ich)?«

Beziehung bedeutet. Gebaut hat das Paar jedenfalls nicht.« War wohl besser so. Das findet der Oldenburger Architekt Ingo Gabriel ohnehin. »Ich habe mir schon überlegt, mir eine Zulassung bei der Krankenkasse zu holen«, spottet er, »wo ich doch sowieso ständig als Therapeut gefordert bin.« Aber vor allem ist er genervt: »Bauherren, die den Entschluss gefasst haben zu bauen, sind in einem Rauschzustand. Sie sind völlig unzurechnungsfähig. Sie nehmen sich zu wenig Zeit, die Dinge in Ruhe zu durchdenken.« Und hier seine Liste der sieben Todsünden, die Paare am Bau begehen können:

1. Sie reden über Dinge, von denen sie beide keine Ahnung haben, und geraten darüber in Streit.

2. Sie wissen beide nichts, aber er weiß es besser.
3. Wer das Geld ranschafft, entscheidet.
4. Sie glaubt »Ökotest« alles, er macht sich im Internet schlau.
5. Sie findet den Architekten sympathisch, er findet ihn höchstens kompetent.
6. Der eine sagt das, was er für richtig hält, der andere sagt das, was andere für richtig halten. Motto: »Mein Schwager hat auch gebaut, und der sagt auch, macht das bloß nicht.«
7. Sie denkt an Küche, Kinder und Stauraum, und er hat gar keine Ahnung vom Wohnen.

Die besten Rezept für einen Ehekrach um das eigene Heim, findet Gisela Humpert, sind diese: »Die Partner sprechen möglichst wenig miteinander und tauschen sich nicht darüber aus, was jeder von ihnen sich vom gemeinsamen Haus wünscht. Dann stellen sie meistens hinterher fest, dass ihre Bedürfnisse nicht besonders gut zusammenpassen. Ein Klassiker ist auch, dass der eine gemeinsam mit Handwerkern oder Architektin Entscheidungen trifft, ohne den anderen einzubeziehen. Perfekt, um eine richtige Krise auszulösen: Einer, in der Regel der Mann, stürzt sich in die Selbsthilfe, ist nur noch auf dem Bau und lässt die Frau während des Bauvorhabens, das ja meist ein ganzes Jahr dauert, alleine mit den Kindern zu Hause. Das halten nur wenige Ehen aus.« Und warum ist das so?

Wunderbare Chance oder gefährliches Risiko?

Der Hausbau ist eine Stunde der Wahrheit für jede Partnerschaft. Hier wird alles geprüft, was eine Beziehung ausmacht: Vertrauen, Toleranz, Konfliktfähigkeit, Geduld, Belastbarkeit. So tief, wie das Wohlbefinden in den eigenen vier Wänden mit der Übereinstimmung mit der eigenen Persönlichkeit verbunden ist, sollten natürlich beide Partner zufrieden sein – was, siehe oben, nicht ganz leicht ist. Und es kann noch schlimmer kommen, schreibt

Claire Cooper Marcus in »House as a Mirror of Self«. »Für manche Paare, die ein gemeinsames Haus bauen, ist weniger die Ästhetik oder das Ordnunghalten ein Konfliktpunkt, sondern mehr die symbolische Bedeutung, die das Haus für sie hat. Wenn es für den einen vor allem darum geht, seine soziale Stellung zu dokumentieren, dem anderen aber um die Familie, können diese Ziele nur schwer miteinander vereinbar sein.« Die Lösung? Vor allem Vorsicht! Wichtig ist, dass sich der eine nicht vom anderen überreden oder über den Tisch ziehen lässt. Das wäre verheerend für die Beziehung. Antje Monz wie auch Karin Gerhardt raten zu Zimmern, die jeder der Partner für sich alleine einrichten kann, ohne dass ihm der andere dabei hineinredet. Was, wie wir wissen, einige Toleranz erfordert. Aber genau darum geht es ja.

Die Entscheidung für den Bau oder Kauf eines eigenen Hauses oder einer eigenen Wohnung hat ähnliche Qualität wie die Entscheidung für eine Heirat oder für ein Kind. Auch da versuchen die Partner durch Ehe,

Kind oder eben einen Hausbau ihre Beziehung zu bekräftigen. Und das geht bekanntlich nicht immer gut. Ein Hausbau, der meist mindestens ein Jahr dauert und oft sehr stressig ist, kann wie ein Neugeborenes eine enorme Belastungsprobe für beide Partner darstellen. Es ist eine wunderbare Chance für die Partnerschaft, daran zu wachsen.

Aber manchmal, wenn eine Beziehung kriselt, zerbricht sie auch daran. »Ein Haus braucht als Basis nicht nur ein stabiles Fundament, sondern auch eine stabile Beziehung«, ergänzt Monika Neubauer, Fachanwältin für Familienrecht in Hamburg. Mit dem trostlosen Ergebnis gescheiterter Bau- und Ehevorhaben ist sie nur zu gut vertraut. Die Erkenntnis aus vielen Beratungen und Gerichtsverfahren: Der Druck, beim Hausbau viele Entscheidungen gemeinsam treffen zu müssen, die finanzielle Belastung, der Stress, womöglich noch die kräftezehrende Eigenarbeit am Bau – all das verdichtet sich zu einem gefährlichen Scheidungsrisiko. Vor allem Paare, in deren Verhältnis es kriselt, die aber mit dem gemeinsamen

Wer hier einzieht, weiß schon, dass er der bunte Hund des Viertels sein wird. Eine Rolle, die wahrlich nicht jeder mag, die bei der Planung eines Hauses aber beide Partner für sich annehmen sollten.

Haus gleichsam ein Bekenntnis zur Beziehung ablegen wollen, steuern auf ihr Verhängnis zu. »Auch das allerschönste Haus kann die Defizite einer Ehe nicht ausgleichen«, weiß Neubauer. »Der große Plan, damit die Ehe zu retten, endet fast immer im großen Knall.«

»Das Verhängnis beginnt mit dem Gedanken ›Ich will dir etwas Gutes tun‹«, beschreibt Neubauer den üblichen Verlauf. »Und dann wird, obwohl der Etat es gar nicht zulässt, ein Wintergarten angebaut. Weil das angeblich der Herzenswunsch, sagen wir: der Ehefrau, sei. Wenn dann hinterher aber das Geld knapp wird, wenn Überstunden nötig sind, um die Hypothek zu bedienen, und der Urlaub kippt, dann wird die Gegenrechnung aufgemacht. ›Du hast deinen Wintergarten, jetzt beschwer dich nicht, wenn ich deswegen länger arbeiten muss.‹« Von da bis zur Zwangsversteigerung sei es dann häufig nicht mehr weit. Das muss nicht lange dauern, hat Ingo Gabriel erlebt: »Wir hatten auch schon die erste Scheidung zum Richtfest. Die Verbindlichkeit wird deutlich und die Frage drängt sich auf: ›Will ich eigentlich mit dem die nächsten 25 Jahre …?‹«

Beziehungsalltag auf der Baustelle

Eheszenen von der Baustelle, in Jahren gesammelt:

Baufrau Nummer 1: »Man sollte den Partner schon eine Weile kennen und wissen, wie der andere sich in Stressphasen verhält. Ich war manchmal während der Planung von seinem Perfektionismus ziemlich genervt oder dachte eigentlich ›Jetzt lassen wir es aber so!‹ Aber ich wusste auch, dass wir alle später genau von diesem Perfektionismus profitieren werden.« Und sie verzichtete auf eine weitere Stunde Schlaf, weil die Planung zumeist nachts diskutiert werden musste.

Baufrau Nummer 2: »Die Handwerker nehmen mich nicht ernst, die Tiefbauer grüßen nicht mal. Das füttert einen Streit zwischen Christoph und mir, den wir sowieso immer wieder haben, der durch die Situation am Bau noch verstärkt wird: Kompetenzgerangel. Es war für Christoph manchmal nicht so einfach, die Informationen aus den Handwerkern herauszubekommen, aber es war auch nicht einfacher, sie wiederum aus Christoph rauszuholen. Ich musste ihm vieles mühsam aus der Nase ziehen. Ich möchte einfach nicht immer nur fürs Essen zuständig sein!«

Bauherr Nummer 1: »Ich kann das Haus nur von außen sehen, für alles andere fehlt mir das Vorstellungsvermögen. Aber mich interessiert auch hauptsächlich die Hülle. Die soll mir gefallen, dazu möchte ich stehen können – vor mir selber.«

Bauherr Nummer 2: »Eine ewige Diskussion waren unsere Fenster. Katharina fand Kunststofffenster ganz furchtbar und wollte unbedingt Holzfenster. Ich finde Holzfenster auch schöner, aber 5000 Euro Preisunterschied einfach überzeugend. Außerdem müssen Holzfenster gepflegt und gewartet werden. Schließlich habe ich zu ihr gesagt, gut, wir nehmen Holzfenster, wenn du mir unterschreibst, dass du alle zwei Jahre die nächsten 20 Jahre die Fenster streichst. Das wollte sie dann doch nicht. Also haben wir jetzt Kunststofffenster. Obwohl sie mir heute immer noch vorhält, wie hässlich die sind. Na ja, das ist Beziehungs-Alltag.«

»Wenn sich die Paare nicht einigen können, dann sind es andere Schlachten, die da geschlagen werden«, weiß Günter Hertel. Er macht es denn auch nicht anders als ein Familientherapeut. Zunächst soll jeder einzeln erzählen oder malen, was ihm wichtig ist, was er sich vorstellt. Der andere hört dabei nur zu, ohne zu kommentieren, und versucht zu verstehen. Erst dann wird miteinander geredet. »Wenn ein Paar entdeckt, dass es unterschiedliche Überzeugungen zu Gestaltung oder Bedeutung eines Hauses hat, dann muss das ja kein unüberwindlicher Graben sein«, beschwichtigt Claire Cooper Marcus.

»Das Leben wäre ja so trübe, wenn der Partner einfach nur unser Spiegelbild ist!«

Der Raum, der entsteht, ist ein wichtiges Stück Gemeinsamkeit.

Denken wir also positiv. Wenn beide Partner tolerant, verständnisvoll, interessiert, geduldig, großzügig und liebevoll miteinander umgehen, können sie auch große Differenzen überwinden und das Wagnis, miteinander ein Haus zu bauen, unbeschadet überstehen – ja, tatsächlich mit dem gemeinsamen Haus eine neue Qualität der Partnerschaft erreichen. Das Einrichten der gemeinsamen Räume ist nämlich Beziehungsarbeit (so der Psychologen-Jargon) im besten Sinne. Es mag zwar manchmal ausgesprochen mühsam sein, sich von Detail zu Detail zu einigen, und beide Partner brauchen dazu eine Menge Geduld und Toleranz. Aber die Mühe lohnt sich auf jeden Fall, denn das Wohnzimmer, das auf diese Weise entsteht, ist ja nicht irgendein Raum, sondern ein wichtiges Stück Gemeinsamkeit.

Wie bei Baufrau Nummer 3: »Wir haben uns mit den Vorbereitungen fast zwei Jahre Zeit gelassen, Ideen gesammelt und ausgetauscht und dabei sehr viel Spaß gehabt. Die Kinder sind wohl ein bisschen zu kurz gekommen in dieser Zeit, aber der Ehe hat das unheimlich gutgetan. Unser Bauvorhaben war wirklich kein Luxusbau: Das Grundstück zwar geerbt, aber das Haus nur mithilfe von Eigenarbeit zu erstellen – wir mussten beide kräftig mit anpacken. Aber als ich mit der Einrichtung fürs Kinderbad nach Hause kam und mein Mann zu mir sagte, ›Mensch, dich kann man aber prima einkaufen schicken‹ – da war ich unheimlich stolz.«

»Manche Paare verbindet die Auseinandersetzung mit Architektur und Design«, sagt die Familientherapeutin Christiane Müssener. »Sie werden bei all diesen Themen ganz euphorisch miteinander und haben richtig Spaß dabei.«

Ja, richtig, so was gibt's auch.

Leere Räume haben eine wunderbare Faszination, wir beginnen sofort, sie im Geiste einzurichten. Wohin stellen Sie Esstisch und Sofa, wohin Ihr Partner? Und sind es auch dieselben? Ein Abgleich der Fantasien hilft da sehr.

Vom Wunsch
zur Wirklichkeit

Räumliches Denken ist leider den wenigsten von uns gegeben. Das ist ein Problem, wenn man ein Haus erträumt und nur vermuten kann, wie eine Planung in die Realität umgesetzt wird. Dann ist das Wohnzimmer gegen alle Erwartungen ungemütlich, die Küche zu dunkel, die Fensterfront viel zu stark zur Straße geöffnet? Aber das lässt sich verhindern – manchmal sogar mithilfe von Legosteinen.

Es war an einem Tag im Februar 2006, als Katrin Mundry in der Küche stand und fast beiläufig zu ihrem Mann sagte: »Ich glaub', hier werd' ich nicht alt.« Ein bemerkenswerter Satz – zwei Tage nach dem Einzug. Nicht in irgendeine Immobilie waren sie eingezogen, sondern in das Haus, das nach ihren eigenen Plänen gebaut worden war. Gelegen auf einem idyllischen Grundstück bei Hannover, das sie nach mehreren Jahren Suche gekauft hatten. Und doch fühlte sich vieles auf einmal völlig falsch an: das große Wohnzimmer so gar nicht heimelig, die harten Schwarz-Weiß-Kontraste im Badezimmer, der Wind, der durch das baumlose Neubaugebiet fegte, die Ruhe nachts, die Katrin Mundry nicht entspannte, sondern bedrängte. »Wir hatten uns das völlig anders vorgestellt«, sagt ihr Mann Rainer heute. Was war schiefgelaufen? »Die Leute des Bauträgers, mit denen wir zu tun hatten, waren Vertriebsleute. Die beraten nicht. Die wollen einem ein Haus verkaufen und sind zufrieden, wenn man die Unterschrift unter einen Vertrag geleistet hat. Aber vielleicht«, räumt Mundry nachdenklich ein, »haben wir mit unserer Eile Beratung auch verhindert.« Definitiv der falsche Start ins Projekt Traumhaus.

Die Probleme begannen gleich nach dem Kauf des Grundstücks. Eigentlich hatten sich Mundrys eine Stadtvilla vorgestellt, aber das ließ der Bebauungsplan nicht zu. Ein Satteldach war Vorschrift, ebenso rote Klinker und Dachziegel, aber weil es in ihrem Reihenhäuschen mit Tochter Lara zu eng geworden war, ließen sie sich schnell entschlossen auf einen Kompromiss nach dem anderen ein. Schnelle Entscheidungen, die ist Rainer Mundry als kaufmännischer Leiter eines Maschinenbauunternehmens gewöhnt, aber dort beherrscht er die Materie. Nur drei Monate nach Vertragsunterzeichnung im April 2005 rückten die Baumaschinen an, im Februar 2006 war das Haus bezugsbereit, aufgrund des Winterwetters aber nicht fertig. Man zog auf eine Baustelle. Es gab Ärger wegen Bauschäden. Und nun wurden auch die Nachteile der Lage, die vorher so idyllisch schien, drängend: die weiten Wege zu Laras Schwimmkurs, die Unsicherheit wegen ihres Kindergartenplatzes, die Bushaltestelle direkt an einer Durchgangsstraße für Lkws, an der sie später in den Schulbus steigen würde. »Ich hätte es erduldet«, sagt Rainer Mundry, aber seine Frau hatte nach einem Jahr genug. Im April 2007 zog die Familie in eine Mietwohnung in Hannover. Ein halbes Jahr später war das Haus verkauft, ein kostspieliger Irrtum beendet.

Diese Einsicht, diese Konsequenz ist selten. »In der Regel sind die Leute, wenn sie so viel Geld für ein Haus ausgegeben haben, zwangsbeglückt.« Alwin Muschter, Architekt in Hannover und Berater der Verbraucherzentrale Hannover, hat das oft beobachtet. »Sie wagen gar nicht erst, sich einzugestehen, dass da was schiefgelaufen ist. Lieber reden sie sich das Haus dann schön.« Und nicht viele haben wie Mundrys die finanziellen Möglichkeiten, die Differenz zwischen Baukosten und (niedrigerem) Verkaufspreis zu verschmerzen. Wer hätte sie vor dem Verlust schützen können, wenn sie es schon selbst nicht konnten? Die Vertriebsmitarbeiter der Haushersteller und Bauträger jedenfalls nicht. Muschter lässt kein gutes Haar an ihnen. »Denen geht es nur darum, unter Zeit- und Kostendruck Masse zu verkaufen, nicht um Beratung. Keine Spur von Leidenschaft fürs Bauen. Die Lebensumstände der Bauherren sind denen so was von egal.«

Traum und Realität liegen oft Welten voneinander entfernt.

Schade, dass James Cameron Filmregisseur ist und nicht Architekt. Sonst hätte er, statt in »Avatar« das Land Pandora zur epochalen Kulisse zu erwecken, die 3-D-Technologie zum Segen vieler Bauherren entwickeln können, denen es genauso geht wie den Mundrys – denen einfach die Vorstellungskraft fehlt, um anhand eines Plans genau das Haus zu imaginieren, in dem man glücklich leben kann.

Mit dieser Aufgabe haben die allermeisten Leute große Probleme. Sie erträumen etwas, was in der Wirklichkeit dann ganz anders aussieht. Gegen alle Erwartungen ist das Wohnzimmer ungemütlich, die Küche zu dunkel, die Fensterfront viel zu stark zur Straße geöffnet, die Dachterrasse der Penthousewohnung auf dem Präsentierteller der Nachbarn. Wie blöd: Man hätte es wissen können. Aber der Mangel an räumlichem Denken, das nicht vielen von uns gegeben ist, lässt sich eben nur schwer ausgleichen. Gut ausgestattete Küchen- und Badstudios bieten tatsächlich die Umsetzung ihrer Pläne in 3-D an, Haushersteller haben Musterhäuser übers Land verteilt, in dem zumindest die übliche Standardarchitektur ihre reale Wirkung entfaltet. Manche Architekten bauen Modelle ihrer Planungen, von Innenarchitekten kann man lernen, dass nie nur das

Dem fertigen Haus sieht man selten an, wie viel Mühe auf seine Planung verwendet wurde. In diesem stecken fast zwei Jahre – und sein originalgetreues Modell entstand einst aus Legosteinen.

Foto von Fliese, Tapete und Vorhangstoff den richtigen Eindruck vermittelt, sondern erst eine Farb- und Materialcollage aus Mustern, die sich anfassen lassen. Und trotzdem bleibt es eine große Aufgabe, ein so komplexes Gebilde wie ein Haus halbwegs realistisch vor dem inneren Auge zu entwickeln. Was man dafür auf jeden Fall braucht: sehr viel Zeit!

Claudia und Marc Weiss verbrachten fast zwei Jahre damit. Heute liegt ihr Haus auf einer Anhöhe mit schönem Blick auf den Ort Bargen in

der Nordschweiz. Außen weiß verputzt, teil-
weise mit Aluminium verkleidet, innen weiße
Wände, glänzender Steinfußboden – ihre Vorliebe für Geradlinigkeit, Purismus und Design
zieht sich durchs ganze Haus. Vom Kauf des
Grundstücks bis hierher war es ein weiter
Weg, und Marc Weiss wusste zunächst eigentlich nur, was er nicht wollte. Er zeigt ein Foto
seines Elternhauses: ländlich, mit Holzdielen, Holzdecken, holzgetäfelten Wänden. »So
etwas«, sagt er, »wollte ich ums Leben nicht
haben. Da wird man ja vom Holz erschlagen.«

Bloß nicht rustikal, lautete die Devise. Aber
wie stattdessen? »Mit Plänen von Architekten
kann ich nicht viel anfangen«, sagt Claudia
Weiss. Deswegen kaufte das Paar eine große
Kiste Lego und baute daraus ein erstes Modell seines zukünftigen Hauses. Es sollte sich
im Laufe der Zeit immer wieder verändern.
Rundungen und Erker fielen weg, ebenso die
Stufen zwischen Wohn- und Essbereich. Um
das Modell möglichst präzise der Wirklichkeit
anzupassen, gingen die Bauherren in spe zu
verschiedenen Tageszeiten auf ihr Grund-

stück, schauten, wann von wo die Sonne schien – und simulierten das dann abends zu Hause mit der Taschenlampe am Modell.

Der Architekt als Störenfried

Eine höchst erfolgreiche Methode. »Wir würden jederzeit wieder so bauen«, sagen beide, »dieses Haus ist unser Traumhaus.« Im Wohnbereich stimmt alles bis ins Detail mit dem Modell überein, die Schränke der Großeltern passen ebenso auf den Zentimeter genau an den dafür vorgesehenen Platz wie der Designer-Kühlschrank in seine Nische. Nur um die Garage gab es gleich beim Einzug Streit mit dem Bauunternehmen. Die war zu eng für die beiden Autos, einen Jeep und einen Mustang. »Und das, obwohl wir auch hier genau im Modell geplant und Spielzeugautos eingeparkt hatten«, ärgert sich Marc Weiss. »Der Architekt muss von der Planung abgewichen sein.« Mit dem hatte es schon vorher Unstimmigkeiten gegeben. Von einem Kollegen war den Bauherren der Hersteller empfohlen

Claudia und Marc Weiß im Wohnzimmer ihres Hauses, das sie ihr Traumhaus nennen. Die eher kühle Atmosphäre der verputzen Wände und polierten Natursteinböden wird gemildert durch schöne Einzelmöbel.

worden, aber mit dessen Mitarbeiter, der das Modell in Baupläne umsetzen sollte, wurden sie nicht so richtig warm. Er wollte dem schnörkellosen Entwurf doch wieder ein paar Rundungen und Ausbuchtungen verpassen. »Der wollte sich natürlich einbringen«, sagt Marc Weiss, »aber wir wussten genau, was wir wollten, sind zum Vertriebsleiter gegangen und haben gesagt: So geht das nicht!«

Zwei Fälle, ein Symptom: mit Fachleuten unzufriedene Bauherren. Sie fühlen sich zu wenig unterstützt oder gar behindert, die (in aller Regel) größte Investition ihres Lebens zu einem schönen Erfolg zu bringen. Wir erinnern uns an den vermögenden Arzt aus dem Kapitel über Intimität. Er brauchte vier Anläufe, um endlich das Haus zu bauen, in dem er glücklich werden konnte. Wer möchte, wer kann so viel Aufwand betreiben? Sind sich die Beteiligten an einem Wohnungs- beziehungsweise Hausbau oder -kauf, an einer Sanierung von Haus oder Wohnung ihrer Verantwortung bewusst? Na ja, der Vertriebsmann des Projektentwicklers, der seinen Fisch an der Angel hat, wird ihn nicht wieder vom Haken lassen und darauf hinweisen, dass Objekt und Wohnbedürfnisse vielleicht nicht optimal übereinstimmen. Aber der Bauherrenberater des Herstellers, der doch angeblich jedes Haus nach Wunsch bauen kann? Oder erst recht der Architekt, dessen vornehmste Aufgabe es doch sein müsste, seine Bauherren glücklich zu machen? Sieht er das überhaupt so?

Sollen Architekten ihre Bauherren zu einem besseren Leben erziehen?

Es ist vielleicht nicht ganz fair, aber ich zitiere noch einmal Fritz Wichert. Der schrieb in den Zwanzigerjahren über den neuen Baustil, den wir heute als Bauhaus verehren: »Es heißt, der neue Baustil erwachse rein aus Zweckmäßigerfüllung, konstruktiver Notwendigkeit, wirtschaftlicher Bedürfnis und anderen Faktoren praktischer Gebundenheit. Immer wieder werden diese Sätze verkündet, und so ist es

kein Wunder, wenn der Glaube entsteht, das neue Bauen sei der Ausdruck einer nüchternen, materiellen und der Befriedigung ungeistiger Bedürfnisse dienenden Gesinnung. Wir halten das Gegenteil für wahr. Diese Häuser, die so leicht und anspruchslos gestaltet sind, erscheinen in der Tat als Erzieher zu neuer Geistigkeit. Während sie darauf angelegt sind, ihren Bewohnern die reinsten und gesündesten Lebensquellen zu erschließen, fordern sie auf der anderen Seite eine gewisse Askese, Verzicht auf mancherlei ungeistige Behaglichkeit und Einführung in die Gemeinschaft. Innerhalb der Grenzen, die die Gleichordnung verlangt, leiten sie hin zu einem Leben der Tat und der inneren Vertiefung.« Ein neuer Mensch, so sieht es Wichert, fordert ein neues Gehäuse, aber ein neues Gehäuse fordert auch neue Menschen. So erzieht die Architektur.

Und so sehen sich, immer noch, viele Architekten als Erzieher – zu Stil und Geschmack, zu einem besseren Leben in besseren Häusern. Richard Meier, berühmt für seine Architektur-Träume in Weiß, soll seiner Mutter einen Aschenbecher an den Kopf geworfen haben, weil er nicht zur Architektur des vom Sohn entworfen Hauses passte. Architekten kümmert dabei nicht immer, ob ihre Bauherren denn überhaupt erzogen werden wollen. Ein schönes Indiz dafür ist ihre Neigung, Häuser mit Sichtbeton zu bauen, die sich in Referenzmappen so gut machen. Riklef Rambow konstatiert: »Die wenigsten Bauherren mögen dieses Material, unter Architekten ist es fast ein Muss.« Ebenso eint viele eine Abscheu vor Bauten, die eine gemütliche Ausstrahlung haben. »Wenn jemand Gemütlichkeit braucht, soll er sich eine Katze anschaffen«, sei stellvertretend Günter Behnisch zitiert, einer der großen deutschen Architekten der Nachkriegszeit. »Ich habe zwei Katzen zu Hause, das ist gemütlich.«

Bauherren und ihre Architekten – ein spannungsreiches Verhältnis. Warum, erläutert Riklef Rambow: »Der Experte weiß naturgemäß mehr über dieses Thema, kann vieles, was der Laie nicht kann, er denkt anders darüber, nimmt Architektur anders wahr, und er kommt zu anderen Bewertungen. Sein Denken und Sprechen ist durch Fachkonzepte geprägt, die er sich in einem langen Prozess angeeignet hat.« Antje Flade bestätigt ihn: »Während sich die Architekten beim Planen und Bauen auf ihr Fachwissen, ihre Intuition und ästhetischen Vorstellungen stützen, urteilen die Bewohner dagegen auf der Grundlage ihrer individuellen Vorstellungen, Erwartungen und Wohnerfahrungen. Angesichts dieser unterschiedlichen Perspektiven besteht eine Kluft zwischen der Welt der Fachleute und der Nutzer.« Was daraus entsteht, nennen Psychologen eine asymmetrische Laien-Experten-Kommunikation. Die kann gelingen, betont Alwin Muschter. »Ich werde öfter gebeten, Bauherren oder Hauskäufer zu einem Ortstermin zu begleiten. Oftmals sage ich ihnen dann hinterher: Denken Sie noch mal gründlich darüber nach, ob das Haus überhaupt zu Ihrem Leben passt!« Sie kann aber auch gründlich schiefgehen. Dann finden sich die Bauherren auf einmal in einem Haus wieder, das ihr Architekt zwar gern als Referenz herzeigt – in dem sie sich aber leider nicht wohlfühlen.

Im Zweifel ist die Gestaltung wichtiger als der Nutzen.

Das Problem wird schon im Studium angelegt, sagt Rambow. »Die Architektur, so wie sie gelehrt wird, befasst sich nur sekundär mit den Nutzer-Bedürfnissen. In erster Linie geht es um die Gestaltung. Auch wenn die Dinge im Widerspruch zu den Bedürfnissen stehen, wird es getan.« Was es auch nicht besser macht: Dass die Absolventen eine grundlegende Schwierigkeit der asymmetrischen Laien-Experten-Kommunikation übersehen. Der Architekturpsychologe: »Die an sich nicht unplausible Vermutung der Architekten, dass der Laie sich einem Einfamilienhaus vorwiegend aus der Perspektive des potenziellen Nutzers nähert, beruht

vermutlich auf einer Überschätzung des Interesses der Laien an Architektur. Die Architekten vermuten, dass die Laien Gebäude im Hinblick auf das Problem ›Wie wäre es, in diesem Gebäude zu wohnen?‹ wahrnehmen. Die Mehrheit der Laien sortiert die Gebäude aber eher wie abstrakte Objekte ohne direkten Bezug zur eigene Lebenswirklichkeit.«

Und wieder erträumen wir uns einen James Cameron für die Baubranche, der Skizzen und Zeichnungen lebendig werden lässt, am besten zu einem sinnlichen Gesamterlebnis, in dem man fühlt, wie warm es im Sommer wird, und hört, wie laut es ist, wenn das Fenster geöffnet werden muss, weil die Sonne hereinbrezelt. Ja, man muss Claudia und Marc Weiss dafür bewundern, wie sie mit der Taschenlampe in ihrem Lego-Modell den Sonnenstand simuliert haben, und es ist gar nicht verwunderlich, dass sie sich heute zu Hause so wohl wühlen. Der Architekt ihres Hausherstellers hat es zum Glück nicht verhindern können.

Das gelang auch bei Michael Speth nicht. Dessen Idee von einem Haus nannte ein Planer »hirnrissig«. Da war dann schnell klar, dass man nicht gemeinsam bauen würde. Nach mehreren weiteren Anläufen konnte der Ingenieur aus dem badischen Bühl aber doch einen Architekten für sein Projekt begeistern, und so steht heute in Lichtenau sein ungewöhnliches Werk, das man auf den ersten Blick für das Gewächshaus einer Gärtnerei halten könnte.

Genauso ist es auch konstruiert, allerdings zweistöckig. Erst auf den zweiten Blick erkennt man, dass da noch ein Haus drinsteckt. Drinnen fühlt man sich wie in einem großen Wintergarten mit Feigenbaum, Kräutern, einem Teich. Eine Außentreppe führt zum Eingang des Wohnhauses im Obergeschoss mit dem offenen Wohn-Ess-Koch-Bereich. »Ich wollte nicht das Gleiche machen wie alle anderen«, erzählt Speth. Der Flyer einer Firma, die Häuser nach dem Haus-im-Haus-Prinzip

Erst auf den zweiten Blick sieht man, dass dieses Glashaus keine
Gärtnerei beherbergt, sondern ein Haus im Haus. Der Bauherr
hatte einige Mühe, für sein Projekt einen Architekten zu finden.
Zur Besichtigung des Rohbaus kamen aber tausend Besucher.

Wer im Glashaus sitzt, braucht häufiger mal den Fensterputzer. Michael Speth ließ um sein neues Haus einen überdimensionalen Wintergarten bauen, in dem mediterrane Pflanzen gedeihen. Der Pflegeaufwand ist ziemlich groß.

baut, kam da gerade richtig. Die Idee gefiel, auch deshalb, weil er gern mediterrane Pflanzen im Winter halten wollte. Der Entwurf des Herstellers, den man für ihn erarbeitete, gefiel Speth aber nicht. Also plante er, auch privat ein Tüftler und Bastler, erst einmal selbst, erarbeitete am Computer Zeichnungen und berechnete, was das Glashaus kosten würde. Artikel über ähnliche Häuser waren Bestätigung. »Ich habe mir dann gedacht: Wenn andere das schon gemacht haben, kann es nicht so ganz falsch sein.« Schließlich fand er einen jungen Architekten, mit dem er das Projekt anging. Wie ungewöhnlich andere Menschen das Haus finden, merkten Planer und Bauherr, als sie im fertigen Rohbau einen Tag der offenen Tür veranstalteten: Zur Besichtigung kamen etwa 1000 Besucher, die Schlange vor der Tür war zeitweise 50 Meter lang. Was das Interesse an spannender Architektur dokumentiert. Zugleich aber (neben 3-D- und Lego-Modell) auch die beste und zuverlässigste Methode ist, zu einer präzisen Vorstellung des eigenen Hauses zu kommen – indem man sich möglichst viele Häuser anschaut, um die eigenen Ideen und Wünsche an der Realität abzuarbeiten.

Bauherr und Architekt schließen eine Ehe auf Zeit.

Wer setzt sie um? Besser nicht der Bauherr in Eigenregie, merkt Alain de Botton in seinem wundervollen Humor an. »Erst wenn wir uns selbst daran versuchen, ein Haus zu bauen, lernen wir die Qualen kennen, die damit verbunden sind, Baumaterialien und Arbeitern unseren Willen aufzuzwingen, dafür zu sorgen, dass zwei Fenster in gerader Reihe angebracht werden, dass eine Lampe in gerader Flucht über der Treppe hängt, der Boiler anspringt, wenn er soll, und die Betonsäulen widerstandslos das Gewicht der Dachkonstruktion auf sich nehmen.« Nein, das erledigt dann doch besser ein Fachmann, und zwar einer, der nicht nur die Grundregel von Statik und Haustechnik beherrscht, sondern einer, der uns versteht, unsere Wohnbedürfnisse nachempfinden kann und in Grundriss, Fassade und Ausstattung umzusetzen weiß. Auf dass es eine fruchtbare Zusammenarbeit werde.

»Die Beziehung zwischen Bauherren und Architekt ist wie eine Ehe auf Zeit«, sagt der Architekt Wolfgang Ott, der konsequent moderne und auf exklusive Weise schlichte Häuser baut. Er grinst und freut sich an der Verblüffung des Gesprächspartners. Wie bitte? Eine Ehe auf Zeit? »Die Sympathie muss stimmen«, legt er nach, »sonst muss man gar nicht erst anfangen. Man braucht eine Ebene für private Gespräche, schließlich muss ich als Architekt den Rahmen für die Gewohnheiten meiner Bauherren schaffen, und wie soll ich das tun, wenn ich nicht auch manches intime Detail erfahre? Das ergibt sich wie von selbst.« Aber eben nur, wenn es zwischenmenschlich passt. Zugleich kommt ein Bauvorhaben nicht zum guten Ergebnis, wenn die Bauherren kein Vertrauen entwickeln in die Fachkenntnis und Geschmackssicherheit des Architekten sowie seine Fähigkeit, einen so komplexen Prozess wie den Bau eines Hauses souverän und verlässlich zu steuern.

Auch wenn die Planung schon weiter fortgeschritten ist, Pläne gezeichnet und Anträge gestellt wurden – sobald die Basis zwischen Bauherren und Architekt nicht mehr tragfähig ist, raten alle Fachleute dringend, sollte man die Zusammenarbeit besser beenden und nicht bis zu einem womöglich bitteren Ende durchziehen.

Wenn es dagegen gut läuft, kann sich zwischen beiden eine freundschaftliche Beziehung entwickeln, die über den Tag des Einzugs weit hinausreicht. Der Bau des eigenen Hauses sei eben eine höchst emotionale Angelegenheit, hat Wolfgang Ott erlebt, da komme es beim Fachmann auf psychologisches Feingefühl und Geduld an. Vorsichtige Kritik an Kollegen kommt durch: Viele seien so von ihrem ästhetischen Empfinden geprägt, dass sie nicht mehr in der Lage seien, auf die Bedürfnisse ihrer Bauherren einzugehen. Das ist für beide Parteien harte Arbeit. »Ich muss die Bauherren auf den Weg zu den 300 Entscheidungen mitnehmen. Und sie müssen sie treffen.« Hat man erst mal begonnen, heißt es durchhalten. Aber dann bricht sich wieder der Optimismus des Kronberger Architekten Bahn. »Ein Haus zu bauen«, entfährt es ihm, »ist doch eine sehr positive Entscheidung. Für den Alltag, für die Familie, fürs Leben.« Seine Arme öffnen sich, und er lacht sein fröhliches, lautes Lachen. Hat noch irgendjemand Zweifel, dass Bauen eine tolle Sache ist?

»Wenn man mit Bauherren vertrauensvoll zusammenarbeitet, bauen sie oft viel mutiger, als sie zunächst wollten«, hat der Kronberger Architekt Wolfgang Ott beobachtet. Hier eines seiner auf schlichte Weise exklusiven Häuser.

Zum Happy End braucht es manchmal nur ein wenig Glück.

Klingt zu schön um wahr zu sein. Da geht man mit einem Unbekannten eine Ehe auf Zeit ein und hat hinterher nicht nur ein Haus, sondern auch einen neuen Freund fürs Leben?

Übrigens: Auch für Katrin und Rainer Mundry gab es ein Happy End. Einige Monate nach dem Desaster mit ihrem ersten Bauvorhaben fiel ihnen die Sonderbeilage über ein Haus aus einer Zeitschrift in die Hände. Beide wussten sofort: »Das ist es!« Von da an fügten sich alle weiteren Schritte wie bei einem Puzzle zu-

Die zeitgemäße Interpretation der Stadtvilla, einen Entwurf der Zeitschrift *Schöner Wohnen*, ließen sich Katrin und Rainer Mundry bauen. Es war der zweite Anlauf innerhalb von nur vier Jahren. In ihrem ersten Haus, obwohl selbst geplant, hatte sich vor allem Katrin Mundry überhaupt nicht wohl gefühlt. Aufs Foto mochte sie nicht und schickte den Familienhund Luna.

sammen. Im Januar 2008, neun Monate nach dem Auszug aus dem ersten Haus, fanden sie ein schönes Grundstück in derselben Straße Hannovers, in der Katrin Mundry aufgewachsen war und ihre Eltern wohnen; sie fanden einen Bauträger, von dem sie sich ausgezeichnet beraten fühlten; sie konnten aus den Fehlern der ersten Planung lernen und sie korrigieren. »Fast vier Jahre lang bauen – das schlaucht«, seufzt Rainer Mundry. Wie glücklich ist er über den zweiten Anlauf, wie erleichtert er klingt. »Das Haus ist wirklich toll. Wir würden jederzeit wieder so bauen!« Wie gut, dass sie es jetzt nicht mehr müssen.

Anhang

Zitierte, benutzte und weiterführende Literatur

Altman, Irwin: The Environment and
  Social Behaviour. New York 1975
Baler, Werner; Heinlein, Frank: R 128 by Werner
  Sobek – Bauen im 21. Jahrhundert. Architecture
  in the 21st Century. Basel, Boston, Berlin 2002
Behnisch, Günter: So ein bisschen
  Schweben. Interview in: Die Zeit, 8/2004, Feuilleton
Botton, Alain de: Glück und Architektur.
  Von der Kunst, daheim zu Hause zu sein.
  Frankfurt am Main 2008
Enzensberger, Hans Magnus: Reminiszenzen
  an den Überfluss. In: Der Spiegel, 51/1996,
  S. 108–118
Flade, Antje: Architektur – psychologisch betrachtet.
  Bern 2008
Flade, Antje: Wohnen psychologisch betrachtet.
  2., vollständig überarbeitete und erweiterte
  Auflage. Bern 2006
Funke, Dieter: Die dritte Haut. Psychoanalyse
  des Wohnens. Gießen 2006
Grangaard, Ellen Mannel: Effects of Color and Light
  on Selected Elementary Students.
  Ph. D. Diss., University of Nevada, 1993
Heine, E. W.: New York liegt im Neandertal.
  Zürich 1984
Isphording, Stephan: Der ideale Grundriss.
  2. Aufl. München 2008.
Ittelson, W. H.; Prohansky, H. M.; Rivlin, L. G.;
  Winkel, G. H.: Einführung in die Umwelt-
  psychologie. Stuttgart 1977
Kron, Joan: Home-Psych. The Social Psychology
  of Home and Decoration. New York 1983
Küller, Rikard: The influence of light
  on circarhythms in humans. In: Journal
  of Physiological Anthropology, 21, 2002, S. 87–91
Kündiger, Barbara: Fassaden der Macht. Leipzig 2001
Linke, Uwe: Die Psychologie des Wohnens.
  Vom Glück, sich ein authentisches Zuhause
  zu schaffen. München 2010
Lipczinsky, Margit; Börner, Helmut: Büro, Mensch
  und Feng Shui. Raumpsychologie für innovative
  Arbeitsplätze. München 2000
Marcus, Clare Cooper: House as a Mirror of Self.
  Exploring the deeper meaning of home.
  Berkeley, CA, 1995
Mehrabian, Albert: Räume des Alltags.
  Wie die Umwelt unser Verhalten bestimmt.
  Frankfurt am Main, New York 1987

Mende, Gudrun: Farbe und Feng-Shui. München 2006
Mitscherlich, Alexander: Die Unwirtlichkeit unserer
  Städte: Anstiftung zum Unfrieden. 26. Auflage,
  Frankfurt am Main 1999
Monz, Antje und Johan: Design als Therapie.
  Raumgestaltung in Krankenhäusern, Kliniken,
  Sanatorien. Leinfelden-Echterdingen 2001
Pease, Allan und Barbara: Warum Männer nicht
  zuhören und Frauen schlecht einparken.
  Berlin 2000
Pleterski, Friederun: Wohnen mit allen Sinnen.
  Leben im Dialog mit der Natur. Wien 1998
Rambow, Riklef: Experten-Laien-Kommunikation
  in der Architektur. Münster, New York, München,
  Berlin 2000
Richter, Peter G. (Hg.): Architekturpsychologie.
  Eine Einführung. 3., überarbeitete und erweiterte
  Auflage. Lengerich 2008
Riemann, Fritz: Grundformen der Angst.
  Eine tiefenpsychologische Studie. 36. Auflage,
  München 2009
Rühm, Bettina: Der optimale Grundriss.
  München 2004
Rybczynski, Witold: Wohnen. Über den Verlust
  der Behaglichkeit. München 1987
Selle, Gert: Die eigenen vier Wände. Zur verborgenen
  Geschichte des Wohnens. 3. Auflage,
  Frankfurt am Main 1999
Stendal Henri: zitiert nach Sven Rohde: Gotteshaus
  mit Promenade. In: GEO-Special Mailand,
  1/1992, S. 116–117
Wansch, Franz: Wohnen mit Körper, Geist und Seele.
  Hamburg 1989
Wichert, Fritz: zitiert nach Gerd Kuhn:
  Wohnkultur und kommunale Wohnungspolitik
  in Frankfurt am Main 1880–1930. Auf dem Wege
  zu einer pluralen Gesellschaft der Individuen.
  Bonn 1998
Woolf, Virginia: Ein eigenes Zimmer. Hg. von Klaus
  Reichert. 4. Auflage, Frankfurt am Main 2001

Bildnachweis

Einleitung
Seite 8: Picture Press / Ferdinand Graf Luckner
Seite 9: Red Cover / redcover.com
Seite 10: Deutsches Tapeteninstitut / AS Kréation
Seite 12: Picture Press / Wayne Vincent
Seite 13: Red Cover / Deborah Whitlaw-Llewellyn
Seite 14: Maßtisch
Seite 17: Picture Press / Giorgi Stefania
Seite 19: Red Cover / Deborah Whitlaw-Llewellyn
Seite 20 oben: Harald Wetzel
Seite 20 unten: Fotolia / jomare
Seite 22/23: Picture Press / Caroline Mardon

Schutz und Geborgenheit
Seite 26: Red Cover / Alun Callender
Seite 27: Red Cover / Ken Hayden
Seite 29: Picture Press / Christian Burmester
Seite 30/31: Marco 2000
Seite 32: Picture Press / Jeanette Schaun
Seite 34: Roland Halbe
Seite 35: Roland Halbe
Seite 36: Duravit
Seite 37: Pixelio / Bernd Sterzl
Seite 41: Red Cover / Hugh Palmer
Seite 42: Red Cover / Henry Wilson
Seite 43: Red Cover / Ken Hayden
Seite 45: Red Cover / Joan Roig

Kommunikation
Seite 46: Picture Press / Maike Jessen
Seite 48: Picture Alliance / CTK Libor Hajsky
Seite 49: Picture Press / Olaf Szczepaniak
Seite 50: Red Cover / Home Journal
Seite 51: Picture Press / Stefan Thurmann
Seite 52: Red Cover / James Mitchell
Seite 53: Alno
Seite 55: Red Cover / Simon Scarboro
Seite 59: Picture Press / Nele Braas
Seite 60: Red Cover / Scott Van Dyke
Seite 61: Picture Press / Cristina Fiorentini
Seite 63: Red Cover / Steve Back

Intimität
Seite 64: Red Cover / Patrick Spence
Seite 66: iStockphoto / sturti
Seite 67: Philips
Seite 68: Bundesverband Porenbeton
Seite 71: Picture Press / Heike Schroeder
Seite 73: Red Cover / Paul Ryan-Goff

Seite 77: Red Cover / Brian Harrison
Seite 78: Red Cover / Alun Callender
Seite 79: Red Cover / Tria Giovan
Seite 81: Picture Press / Warren Smith

Komfort
Seite 82: Red Cover / Steve Back
Seite 84: Red Cover / Grant Govier
Seite 85: Fotolia / Kati Molin
Seite 87: Gira
Seite 88/89: Fotolia / Andreas
Seite 91: iStockphoto / laflor
Seite 95: Christine Bauer
Seite 96: Red Cover / Ed Reeve
Seite 98 : Fotolia / Christian Nitz
Seite 99: Picture Press / Brusaferri Adriano / Rizzoli

Repräsentation
Seite 100: iStockphoto / Nikada
Seite 103: Red Cover / Paul Massey
Seite 104: Fotolia / Kalle Kolodziej
Seite 105: Red Cover / Joan Roig
Seite 106: Picture Press / Heiner Orth
Seite 109: Red Cover / Brian Harrison
Seite 111: Red Cover / Joan Roig
Seite 115: Fotolia / Sydney Alvares
Seite 116: Red Cover / Ken Hayden
Seite 117: Picture Press / Julia Hoersch
Seite 119: Red Cover /Joan Roig

Beziehungsarbeit am Bau
Seite 122: Photocase / complize
Seite 124: Fotolia / yagabunga
Seite 126: Picture Press / Mel Yates
Seite 127: Red Cover / Jake Fitzjones
Seite 129: iStockphoto / Eric Vega

Vom Wunsch zur Wirklichkeit
Seite 130: Fotolia / René de Brunn
Seite 133, 134, 137, 140, 141: Ostkreuz / Frank Schinski
Seite 139: Achim Reissner

Umschlagvorderseite:
oben links: Red Cover / Alun Callender
oben rechts: Red Cover / Henry Wilson
unten links: Bundesverband Porenbeton
unten rechts: Dinesen

Die großen Tests zu den Wohnbedürfnissen
»Schutz und Geborgenheit« (Seite 38/39),
»Kommunikation« (Seite 56/57), »Intimität«
(Seite 74/75), »Komfort« (Seite 92/93) und
»Repräsentation« (Seite 112/113) finden
Sie als PDF-Datei auch im Internet unter
www.dva.de/wohntyp

Der Autor Sven Rohde, geboren 1961, arbeitet
seit zwanzig Jahren als Journalist zu den Themen Bauen und Wohnen. Er hat die Henri-
Nannen-Schule absolviert, war Redakteur von
Schöner Wohnen, Redaktionsleiter von *Neues
Wohnen* und ist seit 1999 mit eigenem Büro
selbstständig (www.justpublish.de). Mit seinem Team erarbeitet er Bücher, Zeitschriften
und Online-Portale, als Autor schreibt er für
Magazine wie *stern, Capital, Schöner Wohnen*
und *Häuser*. Mehrere seiner Zeitschriften-
Beiträge wurden mit Medienpreisen ausgezeichnet.

Impressum

Das für dieses Buch verwendete
FSC®-zertifizierte Papier *Hello Fat Matt*
liefert die Deutsche Papier.

1. Auflage
Copyright © 2011 Deutsche Verlags-Anstalt,
München, in der Verlagsgruppe Random
House GmbH
Alle Rechte vorbehalten
Grafische Gestaltung und Herstellung:
Susanne Ebersberger
Lithographie: Helio Repro, München
Druck und Bindung: Tesínská tiskárna,
a.S., Cesky Tešín
Printed in Czech Republic

ISBN 978-3-421-03750-3

www.dva.de